MW00979835

HIGASHINO KEIGO
（日）东野圭吾 著

冯锦源 译

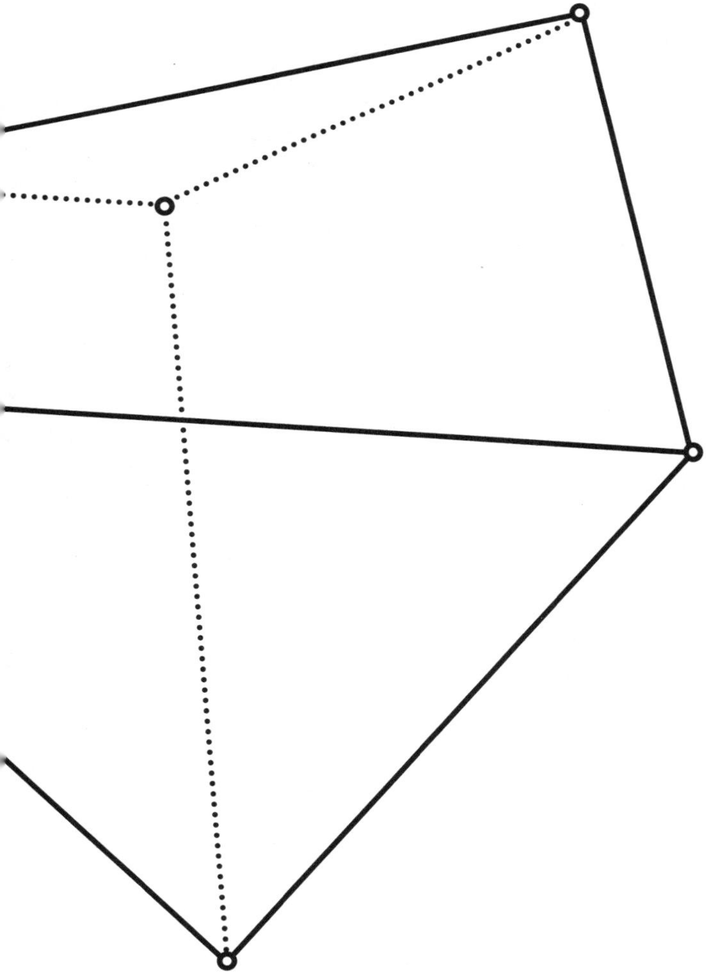

科学？

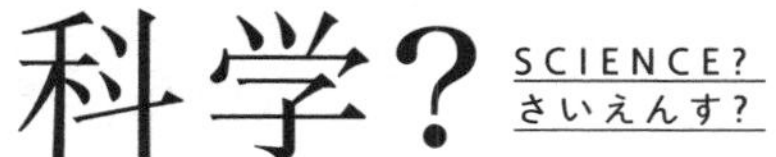

新 星 出 版 社 NEW STAR PRESS

本书为角川文库原创，
收录内容为原先刊登在
《Diamond LOOP》《书海旅人》上的连载专栏。
所有文章均发表于二〇〇三年到二〇〇五年之间，
成书背景为日版发行时的情况，后文不再说明。

目录

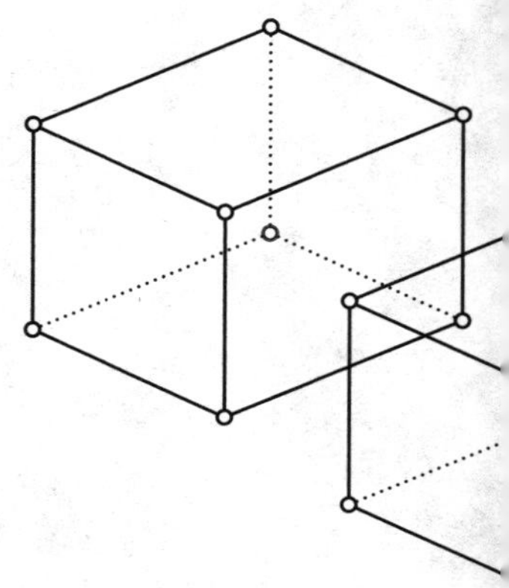

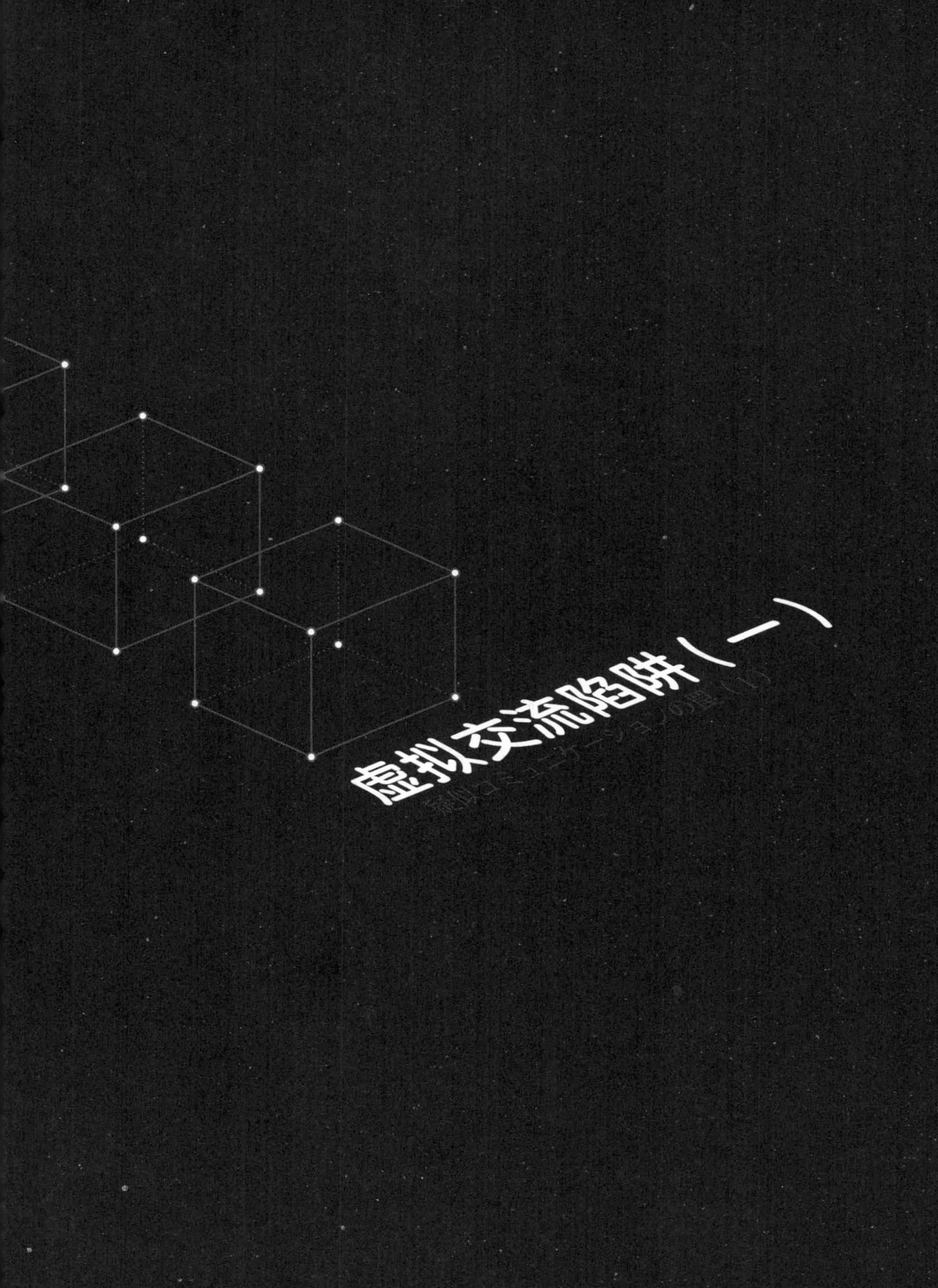

虚拟交流陷阱（一）

擬似コミュニケーションの罠（1）

2 科学？さいえんす？

每当遇事不决，我往往会求助于互联网上的论坛。比如眼下我最关心的是滑雪场几时才有积雪，只要看一眼论坛，就能掌握其他滑雪者应对降雪不足这种情况的法子。这么做看似毫无意义，毕竟结果无非是“大家都束手无策”。不过话说回来，坐在电脑前就能瞬间知道他人的想法，实在了不得。

然而，所谓的论坛可不全是“好不容易买了新的滑雪板，北海道今年却很少降雪”这样优哉游哉的抱怨，里面同样充斥着恶意的诽谤，那些讨论演艺圈和体育界话题的地方更是重灾区。当事艺人或运动员要是读到那种帖子，难保不会把肺给气炸了。发帖人多为惯犯，换个用户昵称后又会在别的论坛如法炮制，他们也被普通网民称作“网络喷子”。

虽然如今的我只是一名看客，但也在十年前加入过某部推理电视剧的粉丝论坛，与网友交流剧情和作案手法方面的感想。尽管一开始兴趣盎然，但没过多久我便抽身而退，因为话题逐渐演变成与电视剧风马牛不相及的激烈争论。即使身为旁观者，互相谩骂的场面也让我不胜其烦。

方便隐藏身份和姓名正是网络社交的特征。自从互联网登上历史舞台，大众对此便颇有微词，但一筹莫展的我们只能将希望寄托于个人的良知与常识。那么，“良知与常识”又该如何培养呢？

人们都说，互联网拓宽了个人与世界交流的渠道。诚然，我们上网获取信息，也有机会向全世界畅所欲言。然而，线上往来的不过是一些电子数据，真的能算作人与人之间的交流吗？通过这种所谓的交流，“良知与常识”会有成长的土壤吗？

据说两性交友网站的男女比例是九比一，几乎只剩下男人。这已经谈不上什么“两性交友”了，注册登录也纯属浪费时间。要不了多久，男性会员便会跑得精光，网站只得雇“托儿”，就像过去“闪电约会”活动（**注：一种鼓励参与者在短时间内与大量陌生人见面的联谊活动**）的主办方会聘请交际花一样。因为网友互不照面，他们甚至不需要美貌的交际花，连性别都能造假。

“刚到东京的十九岁大专女生一枚，等型男来约哦，型男大叔也没关系。”

真相是，写出这种帖子的人本身就是大叔。其中有的还不是网站雇来的托儿，隐藏性别只为和女学生套近乎，最后发现所谓的“女学生”也是男人假扮的，于是恼羞成怒出言威胁，惹上官司。

老实说，我不太能理解那种轻信陌生人的心态。手机和电脑固然不会撒谎，可是背后的人未必个个诚实可靠——如此简单的道理，他们为何不明白呢？

也许有人会说，在交友网站上找到知己也不是什么稀奇事。这话不假，但我听说过一些所谓的网上交友，无一不滋生事端，而相关刑事案件也呈急剧增长的势头。窃以为，其主要原因正是当事人欠缺当面交流的训练。

心理学上有一个概念叫“人际距离”，用来表示个人感受到的私密领域。一旦有人踏足这个空间，我们便会心情紧张。而两性对这个范围的标准大相径庭。男性的人际距离大约是一到两米，反观女性，这一空间至多只占数十厘米。换而言之，只要有人靠近一点，男性就会产生反应，女性则往往浑然不觉。据说混混们在街上走路时之所以大摇大摆，就是为了让人敬而远之。

在聚会中，一旦有异性来到身旁，男性往往会反应过度。他们会觉得，既然对方靠得这么近，就是对自己有意。可事实是，女性非但没有那份心思，甚至对近距离接触的事实浑然不觉。这种人际距离的差异难免造成误会，男性朋友恐怕都有类似的尴尬经历，我也不例外。不过吃一堑长一智，我们由此慢慢懂得了该与女性保持怎样的距离。

重点是，只有面对面接触，我们才能了解异性的这些习惯。通过手机和电脑展开的社交活动则没有半点人际距离的概念。

我们来看看把握不好人际距离会造成什么结果。

比如，电车上的某个男子见到一个年轻貌美的女孩在身旁坐下。双方自然从未见过面，误会却悄然萌芽了。男子觉得，女孩来到他的身边一定别有用意。不一会儿，女孩打起盹来，顺势靠在他的肩头。于是，男子再也控制不住自己的胡思乱想，罔顾素昧平生的事实，坚信女孩对他一见钟情，因为他自己已经喜欢上了对方。

随后，他开始盯梢女孩，化身为跟踪狂。女孩感觉很冤枉，她只是一不小心靠在了邻座乘客的肩上，怎么就被对方纠缠上了？

这不是什么耸人听闻的事，类似的案件数不胜数。

只不过是并肩乘车就会招致这种危险，更别提在交友网站上结识后，双方互通邮件约定线下见面的情况了。见面时男方难免做出越界的举动，女方又缺乏识别威胁的能力，悲剧可能就此发生。

面对面交流是人际交往的必修课，可是放眼身边，我们惊讶地发现机会早已被剥夺得所剩无几。

这一切的罪魁祸首恰恰就是我们这些成年人。

受篇幅所限，本文留待下期继续。

（《Diamond LOOP》二〇〇四年二月号）

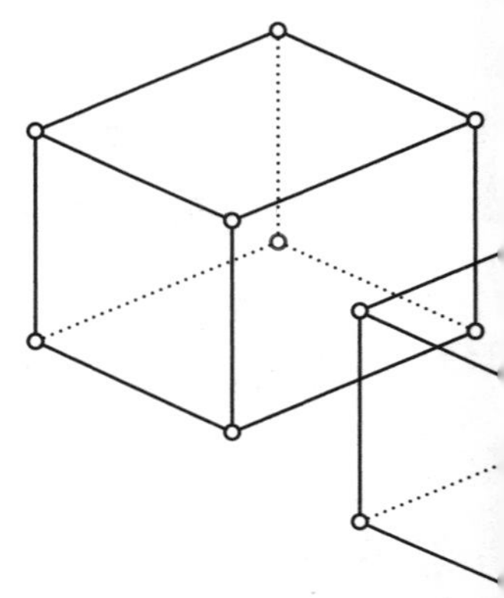

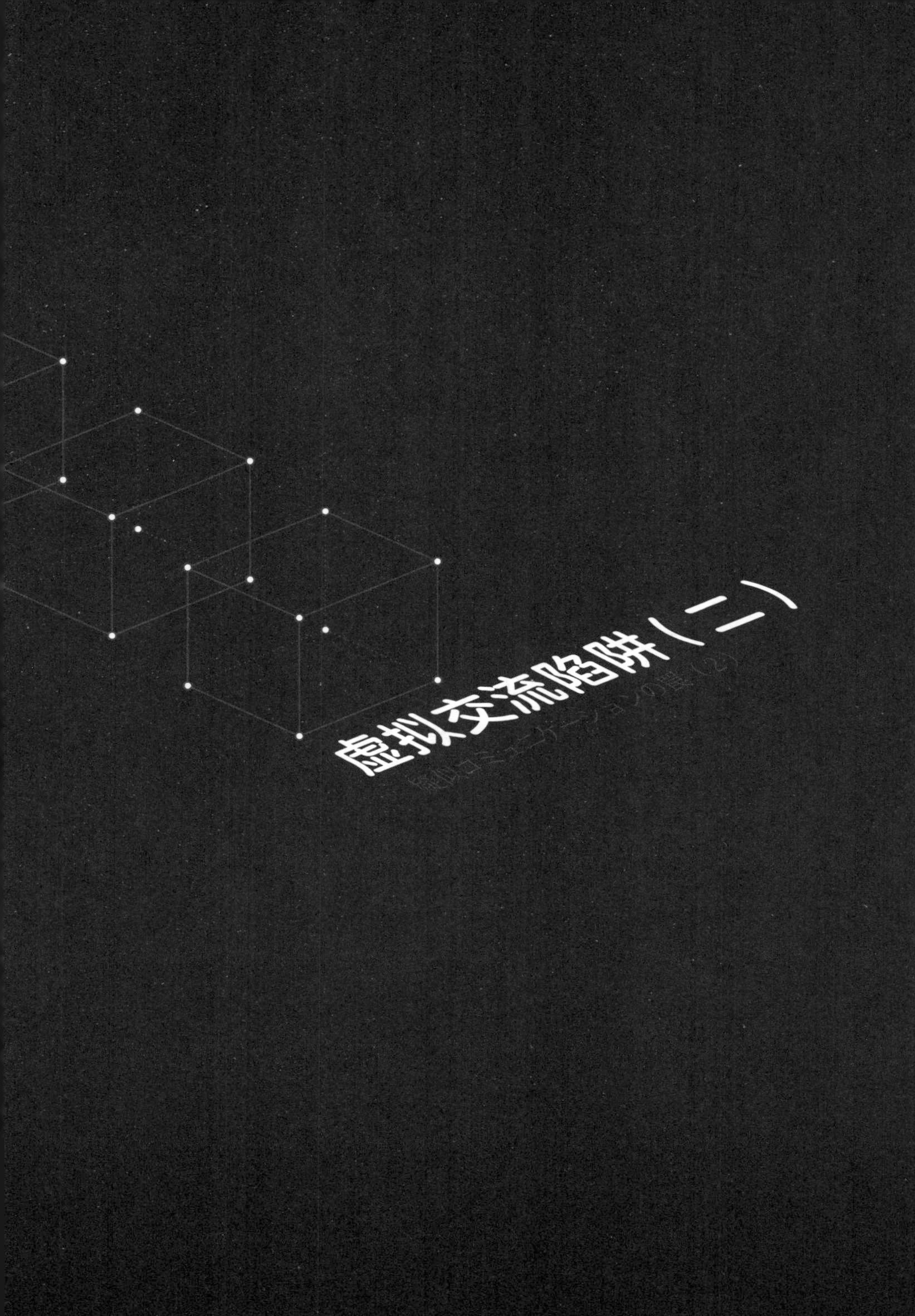
虚拟交流陷阱（二）

想必有不少读者都听说过“MHC”这个名词，毕竟一度被媒体炒得火热。它的全称是“主要组织相容性复合体”，是一组为白细胞等细胞制造蛋白质的基因群。MHC有上万种不同的类型，可以说一万个人里挑不出两组相同的MHC。

尽管存在差异，但不同人的MHC有的类似，有的则截然不同。而这种相似性是至关重要的，因为人类会被MHC类型差异巨大的异性吸引，也就是通常所说的“来电”。一般认为，MHC会影响免疫力的性质，两种不同类型的结合将使下一代获得适应面更广的免疫系统。简而言之，这是一种试图留下优良后代的本能。于是，MHC也被称为“恋爱基因”。虽然科学家尚未完全破解其中的奥秘，但我们似乎能通过某种“气味”来识别它们。

当然，真正的恋爱关系涉及更为复杂的心理因素，但本能的互相吸引也不容小觑。正在寻觅爱侣的朋友不妨多多接触异性，嗅出不同的MHC吧。不过，那也不是什么一闻便知的强烈气味，两个人能否走到一起，最终还要看缘分。

抛开恋爱关系，在日常生活中，我们也会遇到本能上合得来或合不来的人。有些人明明不坏，却让我们觉得难以相处，读者朋友们想必也有类似经历吧。

因此，即便都是初次见面，感受也不尽相同。走运时我们会对对方留下好印象，可从负面印象开始的关系也属平常，就算抱怨也无济于事。再说了，一味地躲避那些讨厌的人，我们就没办法构建正常的人际关系。只要双方共同努力，也能扭负为正。随机应变、相互配合才是明智之举。

那么，这种能力又该如何培养呢？在上一期探讨人际距离的概念时，答案已经显而易见——只有尽量与人面对面打交道，从失败中学习，我们才能运用自如。失败伴随着痛苦，但那也是熟能生巧的代价。

这样的失败与痛苦曾经是难以避免的，因为在过去的年代里，拒绝与人接触便难以生存。后来，人们开始寻找取巧的手段，最原始的方式或许是写信了。书信原本的目的是和远在他乡的人互通音讯，不过同样能用来传递当面难以启齿的话。写信并非轻松活儿，唯有洞察人心才能找出合适的文字来达到目的。它还有一个缺点——无法及时交换意见，也无法马上得知对方的反应。

相比之下，电话具有划时代的意义。打电话不仅比写信方便，通话者也无须绞尽脑汁思考文字，只要把事情说完然后挂机即可。

不过对重视交际的人来说，打电话也有讲究，要考虑时机、遣词、把人叫到电话机旁的技术、切入正题的方式、挂断前的客套话等等，不胜枚举。新人一进公司就要接受相关训练，正是因为在通电话这件事上不能马虎。

传真技术的发明显著缓解了电话的紧张氛围，既不需要考虑时机问题，又避免了繁文缛节，内容直指重点。和书信一样，它的缺点是不能立刻获知对方的反应。

随着手机和电子邮件的横空出世，人际交往要承担的失败与痛苦大幅减少。

举例来说，用手机进行联系就不用顾及对方身在何地，也不必把对方叫到电话机旁。遥想当年，年轻的我给心仪的女同学家里打电话，那时可叫一个紧张，生怕耳畔传来对方家人的声音（尤其是她的父亲），只能祈祷碰巧接起话筒的是她。一旦事与愿违，我只能尽量给她的父亲留下好印象。如今的年轻人恐怕不必再受那份罪了吧。

不必说得纤悉无遗也是手机的特征。比如双方约定见面，只要说一下时间和大概的方位，到时再通过手机联系就行了。想当年，要在人来人往的场所碰面，必须把地点和标志物讲得一清二楚，不可能像现在这样“走一步看一步”。这种新的做法似乎能随机应变，但反过来说，人们仗着有手机的同时，也在渐渐丧失事先制定计划的能力。

使用手机依然少不了要及时沟通的种种烦恼，而电子邮件能不分时间和场合给对方发消息，相较之下就更加轻松方便了。熟练运用两者的现代人能随意交换信息，不再需要顾及他人的感受。

当面交流难免会有碰一鼻子灰的时候，人们自然不想冒这个风险。解决这类烦恼的商品会大受追捧也在情理之中。可是，少了那份对他人的体谅，我们还敢大言不惭地说自己是在与人打交道吗？哪怕这种经验积累得再多，也无助于锻炼人际交往的能力。

电子游戏虽然人气有所减退，但仍旧卖得红红火火。窃以为这不仅要归因于游戏本身的乐趣，恐怕还因为游戏提供了不必在现实中与人竞争的轻松感。毕竟如今越来越多的孩子不再在游戏中和同伴互相比试，而是各自以电脑为对手玩乐。也许他们是不想陷入胜败带来的尴尬氛围吧，才会出现这种现象。

这样的一群孩子长大后能否拥有健康的人际关系，在人生的竞技场上游刃有余呢？和虚拟世界不同，现实中既有投机取巧之辈，也不乏输不起的暴戾之徒。

手机和互联网堪称便利，但那是建立在真实的人际关系之上的。我们不能本末倒置，反过来把它们当作新型人际关系。

（《Diamond LOOP》二〇〇四年三月号）

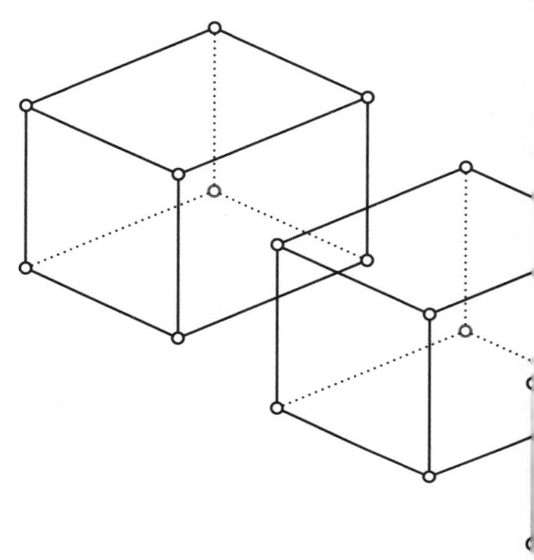

科学技术改变了推理小说吗？

科学技術はミステリを変えたか

我原本打算写一篇探讨科技进步如何影响文学的随笔，却发现那是一块啃不动的硬骨头，只好将“文学”换成了“推理小说”。仔细想想，出道十七年以来，我从来就没有在意过“文学性”，即便偶尔提及，也对何谓“文学性”感到一头雾水。

那么，科技进步对推理小说产生了怎样的影响呢？答案是彻头彻尾的颠覆，其中最具代表性的是手机的普及。

比如，有人在荒郊野外发现一名男性死者。经检查，他的死因是后脑勺遭到重击后引发脑出血。这是否是一起命案尚无定论，但警方查明，在死者被发现前的十分钟左右，他曾给妻子打过一通电话，并得到后者证实。然而，距离死者最近的电话机也有超过一小时的路程，他究竟是怎么联系他的妻子的？

假如是若干年前的推理小说，单凭这一谜团便足够吸引读者了。警察或侦探必须绞尽脑汁发散思维，来解释这种乍看之下不可能出现的情况。

可惜时过境迁。我能断言，如今的读者再也不会对上述状况感到好奇。参与查案的警察会毫不犹豫地去搜寻手机，否则读者也会感到疑惑不解。如果找不到，他们也会像读者那样怀疑手机是被人拿走了，使线索变得毫无悬念。

这只是一个简单的例子，不过伴随着手机的登场，古今作品中众多的电话诡计大都丧失了意义。当然，故事本身并不会因此变得乏味，只是读者在阅读这类小说时必须考虑时代背景。

同病相怜的还有相机。与电话一样，在照片上做文章的机关谜题数不胜数，但用到的无一不是老式胶卷相机。一个具有代表性的套路是，犯罪嫌疑人为了主张自己的不在场证明，拿出一张在远离犯罪现场的地点拍摄的照片，上面除了他本人，还印着确切的时间和日期。一旦照片被认为是真的，嫌犯便不具备作案的可能。侦探必须挖空心思查明其中的蹊跷，让案情水落石出。

可今后就算想到类似机关，恐怕也不能写进小说里了，毕竟数码设备已经成为主流。虽说胶卷相机不会消失，但轻巧方便的数码相机进入了千家万户，恐怕读者很难再接受在照片上动手脚的诡计。电脑修图技术日新月异，连数码照片能不能算证据都要打上问号。要是作品中的人物非用胶卷不可，必然会让读者感觉不自然，使故事散发虚假的味道。

影响推理小说的不光是电话和相机这些小工具，日趋发达的交通手段同样不可忽视。

假设甲乙两地之间的最短电车路线要耗费五个小时以上，某位作家却想出了精彩的手法，能让身处甲地的凶手犯下命案后只花四个小时就赶到乙地。于是，兴奋不已的作家疯狂敲打键盘（或是奋笔疾书），满怀希望地认为读者会为自己的故事大吃一惊。没想到就在他即将完稿的前一刻，一个惊人的消息传来——新开放的列车线路将两地的车程缩短到三个小时。面对这条新闻，作家只能含泪弃稿。

科技进步对推理小说的影响何止是在诡计方面，真正的重点还是在剧情发展上。

与普通小说不同的是，在推理作品中，人物的行动往往都经过计算。有时为了使故事更加有趣和刺激，作家会在人物之间刻意制造意外。比如让某人错过与一个重要角色之间的会面，甚至联系不上对方。可是，手机的出现让这一切变得困难重重：对现代人来说，搞错会面地点而耽误重要约会几乎是无稽之谈。因此，作家要么创作出没有手机的登场人物，要么让他们身处信号不通的地方。然而，随着手机的普及率不断上升，出门不带手机越来越不可能，信号的覆盖范围更是逐年扩大。

不久前的一次聚会上，有位作家发愁道：

“我想让一个刚回国的人物在机场里联系不上自己的恋人，可是对方有手机呀，真伤脑筋。得想办法让电话打不通才行。”

那么，科技进步是否增加了推理小说的创作难度呢？我的答案是否定的。不妨说，条件上是利大于弊。

互联网的发展带来了人们从未想象过的新型犯罪手段，让整个社会面临难题。可是在与犯罪打交道的推理作家看来，那仿佛是一座新的宝藏。过去，两个陌生人突然变得亲密无间是难以想象的，但随着交友网站热潮的兴起，类似的情节创作变得轻而易举。

手机和数码相机的普及也给新的诡计提供了成长的土壤，便利的交通使得故事的舞台大幅扩展。

然而，作家也不能满足于追随新型作案手段的步伐。一旦有新技术出现，我们必须比真正的罪犯更加热心地思考它给犯罪带来的影响，以及可能引发的新型案件。假如能构思出让警方都倒吸一口冷气的犯罪计划，从防患于未然的角度来说，也是为社会做了贡献。

不过，很少有作家能对现实中尚未发生的犯罪案件先知先觉。我们往往和警察一样，直到事后才对其中的手法恍然大悟。试问，有谁会想到用吊车去拆毁ATM机呢？

我看着电视新闻，不禁胡思乱想：琢磨出这种新点子的罪犯要是去当作家，没准能写出非常有趣的推理小说呢。

（《Diamond LOOP》二〇〇三年四月号）

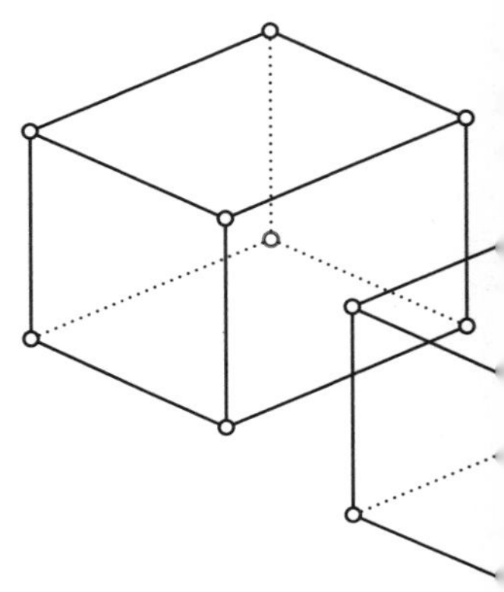

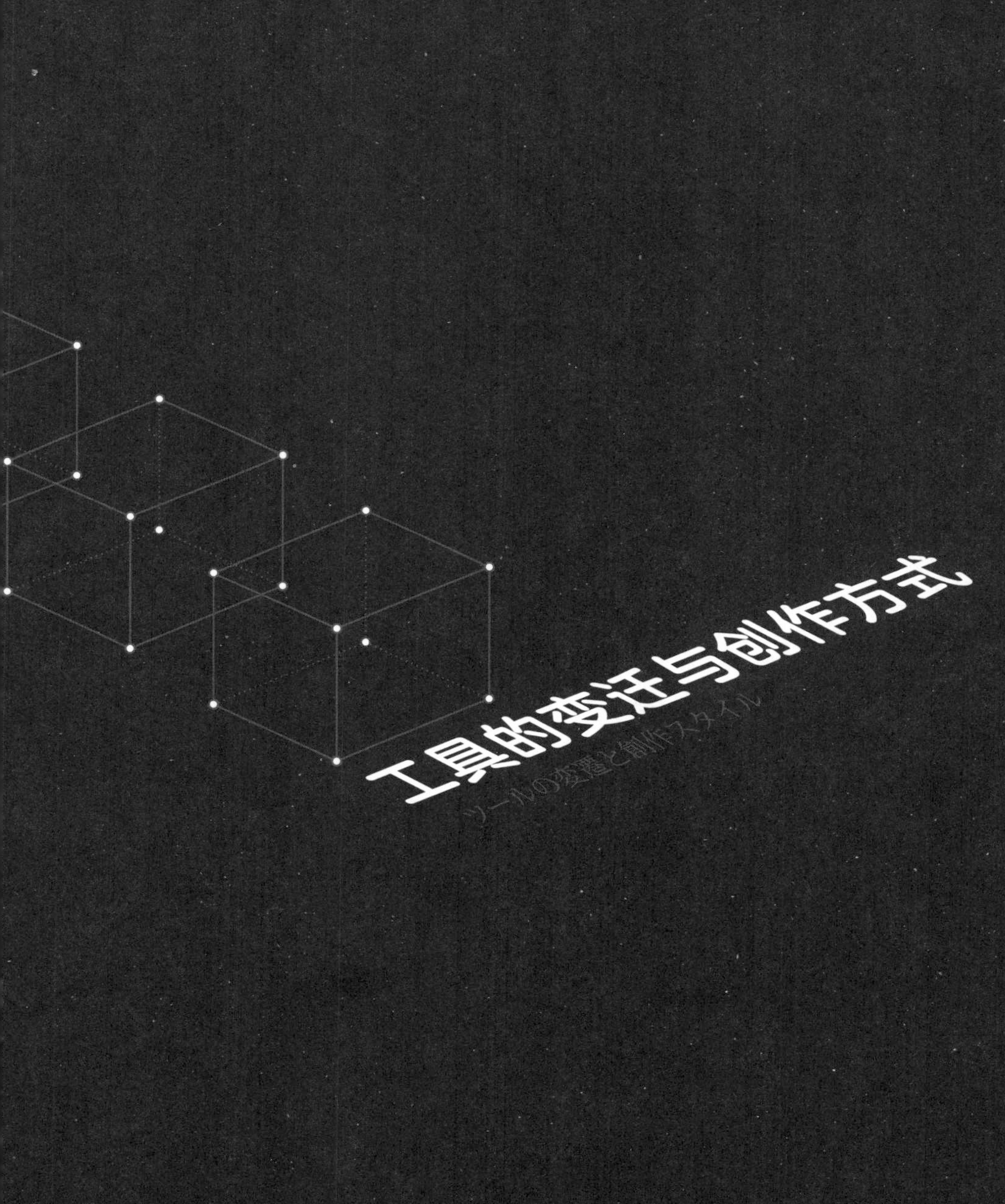

工具的变迁与创作方式

ツールの変遷と創作スタイル

我在一九八五年成为作家，距今已有十八年。我给引领推理作家出道的江户川乱步奖投了三次稿，终于得偿所愿。

以下内容节选自当年的投稿规定：

页数：三百五十到五百五十页。

原稿装订方式：按页对折，装订成三册。

再看看现在的规定：

页数：四百字稿纸，三百五十到五百五十页。打印稿格式须为每页二十至四十行、每行三十字，印于空白A4纸上。

原稿装订方式：装订于右上角，须依顺序标注页码。

显而易见，如今接受的投稿以打印稿为标准。十八年前已经有文字处理机，或许当时有部分稿件也是打印出来的，但毕竟是少数。我当初也是手写投稿，直到出道后发表得奖的短篇小说才改用文字处理机。

出于以下几个原因，我很快就适应了写稿工具的转变。

首先，我对文字处理机的工作方式并不陌生。还是工程师的时候，我就常把废旧的电脑打印纸带回家，在背面写小说的草稿。等到修改文章结构的时候，我会剪下相应的段落贴到别处，那不就是原始的剪切粘贴吗？文字处理机能在屏幕上完成这一切，而且不用誊抄一遍，用起来得心应手。

熟悉键盘操作也帮了大忙。在大学就读电气工程专业时，我便接触过小型计算机，进了公司后更是经常用到个人电脑。当然，那时派发的是NEC生产的早期型号，就算装上文字处理软件，打一个字都要花不少时间，不适合创作小说。

而且，我正好赶上了文字处理机的升级热潮。在那之前，大多数型号屏幕上显示的文字只有区区几行，而能显示三十行以上的型号，价格又令人望而却步。不过在我出道之后，各大公司就开始竞相销售高性价比的文字处理机。

买下文字处理机后，我需要立刻选择今后要用到的日文输入法——用罗马字还是假名输入呢？

大多数读者朋友可能会觉得奇怪："这有什么好犹豫的，当然是用罗马字了。"确实，如今大家用的多半是罗马字输入法，作家也不例外。

然而，我却选了假名输入法，并且一直沿用到现在的苹果电脑，就连这篇文章也是用假名输入法敲出来的。

那时我最熟悉的是罗马字输入法，甚至没有见过印有假名的键盘。因为当年打字几乎都是为了写程序，根本用不上假名。

当然，我也不是无缘无故就选择了假名输入法。一开始的想法是尽量减少敲键盘的次数，因为害怕自己成为职业作家后每年都要写满成百上千张稿纸。用罗马字输入法的话，手指会吃不消。区区一介新人，居然幻想有源源不断的约稿，也不知是从哪里来的自信。

至于要记住按键位置或无法实现盲打之类的问题，我根本没有放在心上。毕竟我满脑子想的都是一年要写几千张稿纸的事，乐观地以为手指过不了多久就会形成条件反射。从结果来看也没有猜错，如今的我基本不用看键盘就能摸到假名输入法按键的位置。可当初我想得还是太简单了，毕竟练成这手功夫足足花了十多年的时间。灵感并没有多到非要疯狂打字的地步，只是对着电脑发呆的话，用什么输入法不都一样吗？

言归正传，改用文字处理机的决定确实做对了。节省体力和改稿轻松也算是原因，不过最重要的还是讨编辑的欢心。换作大家手笔，即使字迹龙飞凤舞，编辑也会奉为至宝，可要是一个名不见经传的新人作家写出潦草的原稿，就无人搭理了。于是，我希望树立起这样的形象："你说东野啊，作品的内容姑且不提，稿子还是很容易读的嘛。"结果我得偿所愿，甚至有编辑说："文字处理机真不赖，好像让你的这篇稿子看起来更有意思了。"

嗯，也不知道这算夸奖还是在损人。

不过，用文字处理机创作也并非一帆风顺，打印格式就着实让我烦恼了一阵子。虽然我购买的第一台文字处理机附带将文字打印在稿纸格子里的功能，实际效果却惨不忍睹。于是我改用空白的A4纸，就和上文江户川乱步奖新规定的格式一样。想必主办方也是因为收到过大量将文字印在格子里的稿纸，万不得已才提出如此要求吧。那种功能对文字处理机来说纯属多余，像是从来没写过小说的技术人员琢磨出来的。

从文字处理机到电脑的过渡就更加顺利了，好处不胜枚举。现在不仅能在同一面屏幕上看好几段文章，还不必再抱着厚厚的词典写作了。上网查资料很方便，用电子邮件发送原稿也堪称革命性的进步。

虽说工具日新月异，但唯独一件事依旧偷懒不得，那就是写作时要动的脑筋。

我创作时会先在脑海里像播放电影一样让场景走一遍，再写成小说。那可不是一件轻松的活儿，描写技巧不足的我需要费九牛二虎之力才能把想象中的画面转换成文字。效果常常不尽如人意，尤其是女性的外貌描写。

如今我盼望有一种工具能将自己构思的故事直接输出成文字，那样一来就省事多了。当然，到时万万不能让编辑看见我工作中的样子，免得被他们发现我的连载都是想到哪里就写到哪里的。

（《Diamond LOOP》二〇〇三年五月号）

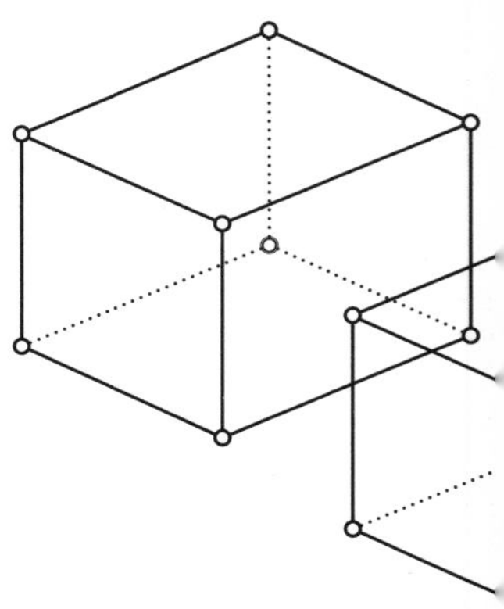

不祥的预感
嫌な予感

身为推理作家，有些事是我不得不关注的，例如科学刑侦。尽管现在的推理小说五花八门，有的作品甚至完全不涉及命案和刑侦，但它仍是我们必须了解的知识。

科学刑侦的一大分支是身份核实，最常见又精确的做法是比对指纹。只要指纹相符，就能断定对象的身份。在指纹比对技术出现之前，有犯罪前科的人员只有照片留档，只能比对眼睛的数据。有些人缺乏明显特征，改名换姓后就容易蒙混过关，警方甚至还常常因此抓错罪犯。死于非命的死者也是一样，一旦五官变得难以辨认，就几乎查不出身份。可想而知，指纹比对称得上划时代的技术。

基因比对技术的功劳有过之而无不及。它利用了人类各不相同的体细胞基因核酸序列来确定对象的身份，样本可以从现场残留的血液、体液和毛发中提取，大幅降低了核实遗体或嫌犯信息的难度。这项技术于一九九二年开始被日本警察厅用于犯罪侦查，已经做出十余年的贡献。

不过和指纹比对技术相比，基因比对技术的可靠程度尚有不足。一九九五年，福冈县高级法院就否定了大分市女大学生命案中的基因鉴定结果，为之前的有罪宣判翻了案。

根据警察厅公布的信息，以往基因比对的错误率最高达到二百八十万分之一。也就是说，在二百八十万人中会出现一例两个个体完全相同的基因鉴定。虽然可能性微乎其微，但毕竟不像指纹识别那样百分之百无误。

于是，警察厅于不久前宣布引入最新型的基因片段分析仪，新设备的鉴定项达到十种左右，远超过去的四种。层层锁定下来，错误率也相应改善，降低到几亿分之一，几乎与指纹比对技术的精确度不相上下。而且，鉴定所需的时间大幅度缩短，成本也减少了约一半，堪称魔法般的神奇技术。

然而让人在意的是，这种魔法今后将被如何运用。

罪犯的指纹数据会被记录下来，基因数据恐怕也不例外。假设犯罪现场留有凶手的毛发，警方就能轻而易举地调用有前科人员的数据库进行比对。相较于难以数值化的指纹数据，基因查询显然更受欢迎。

不过，基因还存储着病历和遗传信息等个人隐私。一想到如此重要的内容被警方编入数据库，我便感到有些毛骨悚然。当然，这方面的问题一直以来都是争论的焦点，警察厅也在引入新技术后逐步改进操作守则。

话说回来，既然手握魔法，自然就想物尽其用。怎么做最好呢？当然是扩充数据库了。不只是犯罪分子，也希望能覆盖到普通人的基因信息。

会这么想的何止警方。如上文所述，基因是信息的宝库。随着解析技术越来越先进，出现新的商机也是迟早的事，搜集尽可能多的数据将成为重中之重。

肥胖基因便是一个例子。虽说名称不好听，但它是为储存脂肪而进化出来的节能遗传因子，能帮助粮食匮乏的民族凭借少量营养得以幸存。不过对食物充足的现代社会来说，它只剩下引发肥胖的副作用了。

在销售减肥食品和瘦身器材的商家看来，一份肥胖基因携带者的名单将成香饽饽。从此以后，他们不必再向与肥胖无缘的人士发送广告邮件，可以将宣传目标锁定在体质相符的人群身上。

青壮年脱发一族受遗传影响较大，其基因信息也有助于商家进行宣传，毕竟这部分男性虽然想改善状况，但往往行动消极。假如有广告直接送到面前，大多数人想必会看上一眼吧。

用得上基因数据库的行业不胜枚举，婚介中心很可能就是其中之一，毕竟当代有些女性也会寻求高智商天才和运动明星的精子来受孕。

当然，这些都是我的幻想，是否能形成产业另当别论。不妨说，上述案例都不是什么正当营生，未经本人允许就查阅其基因信息属于违法行为，更别提传播了。

可只要做到神不知鬼不觉，企业就能隐瞒自身利用基因数据库的行为，也难保不会染指私下信息交易。

于是，一种新的职业可能会应运而生——基因信息贩子。如今销售住址、姓名、年龄和职业等个人信息的公司已然不足为奇，今后只要再加上一根头发，信息的价值便能一飞冲天。配合解析仪器，商家甚至可以分门别类，销售“肥胖”“脱发”等基因携带者的清单。

必须一再重申的是，以上交易皆属违法犯罪。不过随着基因解析技术的进步，地下交易极有可能噩梦成真。无数个人隐私被拿到黑市上倒卖，为莫名其妙的广告邮件不胜其烦早已不是什么稀罕事。谁能保证，有朝一日自己的基因信息不会混杂其中？

最后会发生什么？

相关部门总要等到事情火烧眉毛后才优哉游哉地现身，然后对乱象一刀切。难保他们不会凭借政客之手，强制征集民众的基因数据，并美其名曰“都是为了保护国民的健康和安全”。或许在不久的将来，我们就会接到通知，被要求在指定日期前去户籍登记地上交自己的头发。

果真那样，倒不如趁早秃头吧。

（《Diamond LOOP》二〇〇三年六月号）

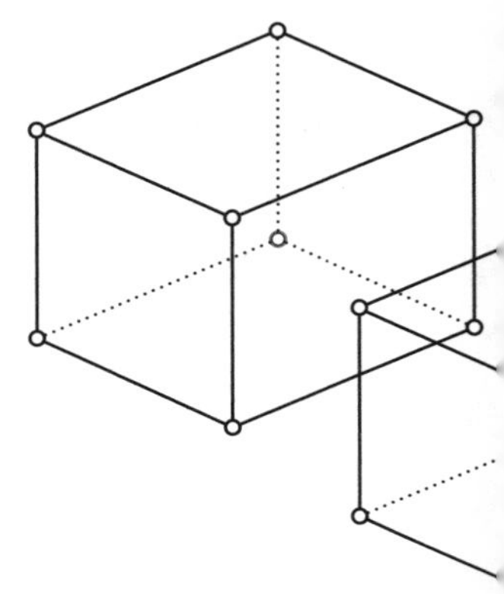

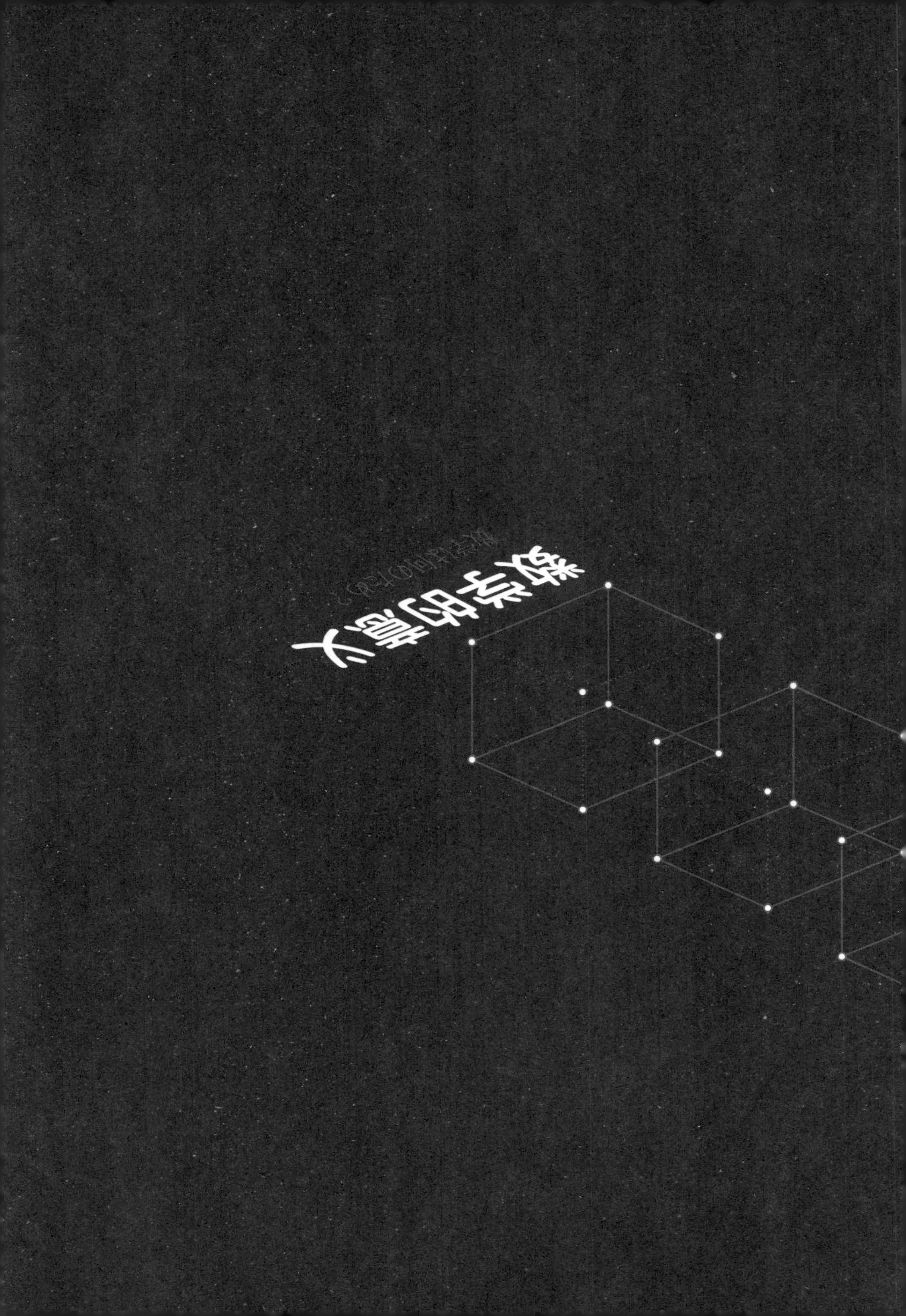

数学的意义
数学は何のため？

前不久为了小说取材，我前去采访明治大学数学系的增田教授。读者也许会感到奇怪，一个推理作家为什么要去采访数学专家呢？答案是书中有一名重要人物是数学家。不过，我其实一直想和数学家聊一聊。

在公开的个人资料中也有提及，我大学攻读的专业是电气工程。也许大家从专业名称只会联想到电路或欧姆定律，但我们所学的知识大都与数学有关。尤其是大一和大二的课程，名称中包含数学的科目多达十余种。它们的难度远非高中数学可比，考试也不可能靠背公式来应付。

上学那会儿，我总是对数学家们的世界观和理想充满好奇，也想不通他们怎么会选择这样一种职业。

增田教授的答案简单明了：

“我从小就爱好数学。”

每次经过思考解决难题，都让他感到无比快乐。

作为一名理工男，我多少能体会他的心情，不过不会把数学当作毕生追求。对电气工程来说，数学终究只是解决问题的工具，我从未想过要亲手去锻造这种工具。可仔细想来，要是没有人来制造，我们到哪里找工具来用呢？少了数学，电脑和手机不会被发明，人类登月也将成为一纸空谈。毫不夸张地说，整个现代文明都建立在数学的基础之上。

不幸的是，数学在日本并未得到足够的重视，这么想的恐怕不止我一人吧。增田教授也表示赞同，学校的数学课时不断减少，内容也越来越薄弱，何谈培养优秀的数学人才？教授也认为，近来学生的专业能力显著下降。

这样莫名其妙轻视数学的国家，居然大言不惭地宣告建设技术大国的目标，还真是不懂得一分耕耘一分收获的道理。

然而，孩子们会远离数学，也不能只怪日本政府的态度，身边的环境或许才应该负起主要责任。

假如有孩子问：

“我为什么要学数学？”

究竟有百分之几的家长能给出令人满意的答案呢？恐怕连大部分老师都回答不上来吧。一旦被逼急了，他们多半会这么说：

“学校就是有这么一个科目。少废话，乖乖学习。”

孩子可没有那么好糊弄，他们一眼就能看出连大人都不把数学当一回事。

如今，电视的作用不容小觑。有些知名艺人甚至公开宣称数学无用。不仅如此，要是有人表示自己热爱数学，反而会被大家瞧不起。大众将数学迷视为怪人，一致宣称只有像自己一样讨厌数学的才算正常人。

面对这种现象，我们又怎能苛求孩子对数学产生兴趣？远离数学的不只是他们，而是整个国家。

也许有人会问我，那要如何解释数学的必要性？对此，我大致会回答如下两点——

首先，数学是解决科学和经济问题的工具。只有了解现有的工具，从事相关行业时才能少走弯路。就好比拿着大米却不知道什么是电饭煲，煮起饭来自然麻烦得多。微积分也好三角函数也罢，都是工具。

其次，对人类的发展而言，数学不可或缺，必须不断有人钻研探索。然而，拥有数学天赋的人才可遇而不可求，甚至有的人连自己都后知后觉。因此，我们有必要让所有人接触数学，然后因材施教。

对于上述解答，想必会有人不以为然。不过窃以为，这种说法好歹比“学校就是有这么一个科目”靠谱。另外，从以上两点可以得出这样的结论：如果一个人毫无数学天赋，将来也用不到数学这一工具，就没必要学习数学。我也倾向于这种观点。我们不可能把所有人都培养成全才，那样做也会影响教学质量。日常生活所需的无非是基础运算知识，最晚到高中就应该将数学列为选修课。

老师在上课前也有义务明确地告知学生学习数学的目的，否则那个人便没有资格当数学教师。

当务之急是改变一般人留有的“数学是特殊学科”的刻板印象，

使大家了解到它作为基础学科的重要性。“大家”不仅包括家长和老师，毕竟有些深受数学恩惠的技术型企业都极不重视数学的发展。企业愿意资助工业学者做研究却不肯扶持数学家，这便是最好的证明。在他们看来，数学家研究的领域过于基础，无法直接转变成商机。事实却是，数学与各行各业之间总是有着剪不断理还乱的联系，而那些企业高层对科学技术的理解仍旧只停留在表面。

或许有人会觉得数学与梦想无缘，那就大错特错了。数学领域有众多处女地有待开发。比如，由波士顿实业家克雷创建的克雷数学研究所便于二〇〇〇年五月向全世界的数学家提出了七大难题。只要攻克其中任意一道题，就能获得高达百万美元的奖金。比重赏更令人兴奋的是，世上仍有许多像这样悬而未决的难题。此前，才疏学浅的我还以为，在四色定理和费马大定理的问题得到解决之后，举世瞩目的数学难题已经所剩无几了呢。

前文提到明治大学的增田教授，他也正针对七大难题之一进行专题研究。那个问题笼统解释起来就是：假如将水的流动转换成方程，能得到解吗？这道难题被称为“纳维–斯托克斯方程的存在性与光滑性”，据说很有可能会被日本的研究人员破解，真是叫人期待结果啊。

下面列出其余的六道问题以供参考，分别是“黎曼猜想”“贝赫和斯维讷通–戴尔猜想”“NP完全问题”“霍奇猜想”“庞加莱猜想”和“杨–米尔斯存在性和质量缺口”。

对于其中的大多数难题，我都感到一头雾水，唯独“NP完全问题”还比较好理解。“NP完全问题”说的是：面对数学问题，自己寻找解答和向人请教答案并对之加以求证，哪个更容易？

嗯，数学家真的不是凡人啊。

（《Diamond LOOP》二〇〇三年七月号）

信息透明与选择权

教えよ、そして選ばせよ

前不久，公寓的管理委员会发来一份传单，介绍了夏季供电不足引起停电后该如何应对的知识。不消说，这是在为东京电力公司因隐瞒事故造成的核电站停摆事件善后。

传单上说，电力公司中断供电将导致部分电梯停止运行和空调罢工，停车场的安保设施将形同虚设，快递收件箱无法使用，各家各户肯定也会停电。家用电器瘫痪不说，热水也会放不出来。防盗报警设备自然也形同虚设，甚至连固定电话也一并遭殃。一旦手机的使用量剧增，运营商还可能采取限制通话的措施。

不过毕竟不是灾难时期，上述状况不会旷日持续下去。只要储备一定的食物和饮用水，好歹还能维持生活。如果家里添置了装有电池的电视和收音机，也方便了解外界信息。假如真的碰上停电，安全问题还是叫人提心吊胆。不能使用电话就意味着报警效率将大幅降低，觉得有机可乘的犯罪分子很可能会选择在停电后趁火打劫。犯罪事件姑且不说，若是有急病患者想联系医院，恐怕也要大费周章吧。

这与三年前的骚动颇为相似。那时为了应对千年虫问题，政府要求市民自备三天的口粮。结果大家也都知道了，并没有什么大事发生。有人盛赞政府应对到位，但是包括我在内的许多人都觉得，整件事根本就是小题大做。

可这次情况有所不同，我们面对的是一道简单的数学题——电力需求超负荷必然引发停电，由此导致的混乱可想而知。

我不禁再次感叹，人类社会已然过于依赖电力，面临骑虎难下的境况。今后电力需求还会不断增长，日本更是如此。随着老龄化社会的到来，必须依靠高新科技生活的人也会逐渐增多，而大部分科技产品离不开电力。

事实上，电力公司的发电量也水涨船高。只要产品有销路，作为商人，他们就会不停地建造发电厂。对用户来说，电力成了某种必需品，节能省电只是出于经济开销的考虑，他们并不会替整个社会担忧。

不过，现在这种神话出现了裂痕，罪魁祸首便是从未征得国民同意的核电厂建设政策。

在争取国民对核电产生理解这方面，日本政府的消极态度令人费解。他们确实做过宣传，但只是用花言巧语提到了核能发电的优势，刻意掩盖真相。

比如说，一旦被问及危险性，政府和电力公司都只会拿“安全有保障”的托词来搪塞，说到能作为依据的具体数据，他们就闪烁其词。

一九九五年，一场关于快中子增殖反应堆——“文殊”运转问题的讨论会在大阪召开。当时，反对派提出的质疑就包括运转中的“文殊”对大地震的抵抗能力。毕竟一个月前刚刚发生了阪神大地震，关西地区的民众对此会担心也情有可原。

可是，反应堆与核燃料发展公司当时的回答是这样的：

“我们参考‘文殊’所在位置可能会发生的最大规模地震，进行了模拟实验，结果是设备完全不会受到影响。”

提问者自然不会买账，他们想知道的是“文殊”能否抵抗阪神大地震级别的灾害，得到的回应却只有“当地不会发生这种规模的地震”。

“我们问的是，一旦发生会怎样？”提问者不依不饶。

“不可能的，那种假设毫无意义。”公司方面开始顾左右而言他。

在会议开始的一周前，我采访了“文殊”的公关负责人。谈及即将召开的会议，对方的反应是：

“他们（反对派）光想着吹毛求疵，做再多的解释也没用。我们会去参加，不过没指望他们能理解，只要小心翼翼地挨到会议结束就行了。”

显而易见，公司从一开始就对回应质疑这件事毫无积极性。他们只想做做表面文章，竭力避免和对手爆发争论。

各地的核电厂建造会议也大同小异，电力公司根本不打算说服反对派，一味给出含糊的答复。面对“发生意外时，核能发电会有什么影响”这样的提问，他们只会死咬着“不可能”的口径不放，给人留下遮遮掩掩的可疑印象。

不过，核电推动者的想法也并非难以理解。他们想必掌握着支持自身信念的证据，但很难向外行解释那些研究数据，一旦弄巧成拙，还会被对方逮住把柄。既然如此，不如鹦鹉学舌般重复“安全有保障，不可能发生事故”的搪塞之词。

可惜，他们显然已经因这份懈怠而自食其果。他们从头到尾坚称不会发生事故，所以连一些小规模的意外都不得不加以掩盖。无奈之下，死鸭子嘴硬的电力公司只好在危机公关时把“事故”说成“现象”。

假如发生了用“现象”也解释不通的意外，在纸包不住火的情况下，电力公司也只能承认那就是事故。可是，如果只有内部人员才知情呢?

我认为，正是以上这些原因导致东京电力公司隐瞒事故一事。归根结底，他们没有诚心实意地希望国民理解核能发电，最终作茧自缚。

科学技术的进步总是伴随着意外，有关方面要做的不是不负责任地否定事故的可能性，而是将一切危险及其概率公之于众，让国民自由选择。

当然，对核电和能源问题漠不关心的民众同样要对此负责。我们应该了解美好生活的背后隐藏着风险，从而掌握能用于选择未来的知识。

在本文刊登之际，供电负荷或许将迎来历史新高。处于断电困境中的东京人对目前停止运作的核电站又将做何反应？让我们拭目以待。

大多数人恐怕连想都不会去想吧。

（《Diamond LOOP》二〇〇三年八月号）

高科技的矛与盾
ハイテクの壁はハイテクで破られる

你说奇不奇怪，日本全国的书店数量居然在急剧减少。那不单单是图书销量不佳的缘故，因为书卖不出去的话，书店还可以靠退货来避免损失。他们面临的麻烦是书本凭空消失了，不仅营业额停滞不前，连拿来退货的书都不翼而飞，投资自然打了水漂。

这种现象毫无疑问是失窃造成的。据统计，平均每家书店因盗窃遭受的损失是每年二百一十万日元，占毛利率的5%到10%，难怪有那么多书店选择关门停业。

超市和便利店也会有小偷光顾，但和书店有着本质性的差别——小偷的目的不同。尽管有时是为了解闷，但小偷进大多数商店只是想窃取商品罢了。

过去书店发生的偷窃也大同小异，小偷只是因为买不起想看的书才以身试法。可是时过境迁，小偷的目的不再是书，而是能用书换来的现金。

一旦得手，小偷就会把书带去近年来如雨后春笋般冒出来的新二手书店销赃。在小偷看来，书架上陈列的新书便是一沓沓现金，又怎么能不叫人垂涎欲滴呢？

为了加强防范，业界准备引入电子标签技术。电子标签作为一种数据媒介，内部存储的信息可以通过无线电操作，从而实现货物管理和自动识别。和条形码相比，这种焕然一新的技术能自由地添加和删除信息。而且电子标签本身便是一种存储媒介，无须访问数据库。

出版界希望用嵌入封面的电子标签代替印刷在书本封底的条形码，这样做不仅能增加流通和销售业务的效率，最大的优势还在于防止书籍失窃。只要在书店出入口设置传感器，就能及时发现未经结算的书籍。新二手书店也可以通过安装信息读取设备，迅速判断书本是否通过正规渠道购得。

或许有不少读者已经在朝日新闻上见过新型电子标签的照片了，它们的尺寸小得惊人，几乎可以钻进指纹的缝隙，嵌入书本的封面想必也不在话下。这么做固然要投入相应的成本，不过由于在流通和销售环节提高了效率，据说带来的好处足以弥补开支。

电子标签应该能起到预防失窃的作用，书店至少不必像过去那样担心中小学生进来顺手牵羊了。可它真的一劳永逸吗？我倒不觉得杜绝犯罪会那么容易。

电话卡刚面世的时候，NTT磁卡公司信心十足地认为产品不可能被伪造。现实却是，能无限使用的电话卡在秋叶原一带大肆兜售。

我一向相信，高科技之盾自会有高科技之矛来攻破，而且后者带来的破坏甚至比未经防范产生的损失还严重。

比方说下面的这种情况：

假设引入电子标签技术后，书籍的失窃率大幅降低。书店因此松了一口气，想必会相应削减防盗的手续和开支，陷入离不开电子标签的局面。

这时出现了一名犯罪分子。这个人找到了绕过电子标签的手段，比如某种改写标签内容的技术。只要使用工具，书本无须经过结算，标签内便会被写入购买信息。

有人会说，这种高智商罪犯毕竟少之又少，和之前那些小偷小摸的窃贼不可同日而语。话虽如此，但类似的犯罪手段会迅速传开，让偷窃变得易如反掌。

犯罪分子可能会利用手机发送让电子标签失效的电波，说不定只需下载一个小程序就能完成。程序神不知鬼不觉地通过网络迅速传播，让破解电子标签成了人人都办得到的小伎俩。书店老板们好不容易摆脱了失窃的恐惧，等到发觉中招时已经迟了。

以上只是我的猜想，也许电子标签不会那么容易遭到破解。可我认为，我们不应该盲目相信高科技，应该将它仅仅当作防范手段之一。

在我看来，预防犯罪的最佳手段是那些科技含量很低的做法。因为越是那样，罪犯越是不能投机取巧，而费时费力恰恰是那些小偷小摸之辈最讨厌的事。

举例来说，我建议书店在结算时给书本盖上本店专用印章。如此一来，所有购自正规渠道的书籍都有印可查。那些前往二手书店销赃的罪犯会为此大伤脑筋，因为他们手上的书没有盖过章。而且在人赃俱获时，小偷也不能找借口说书是从别家书店买来的。

于是，小偷们只能用上原始手段：伪造印章。显而易见，这种做法不仅费时费力，对罪犯来说也很危险。一旦被警方抓获，还会多出一项伪造的罪名。

高科技的电子标签自然值得推广，但我也希望书店的经营者能考虑一下上述的低科技手段。

然而就在最近，我又听说了一个新名词：数码盗窃。仔细打听才明白，原来那指的是用手机拍摄杂志的文章。看来在店里把期刊翻一遍还嫌不过瘾，连留影纪念都琢磨出来了。

干出那种勾当的人原本就没打算购买杂志吧，书店会遭受多大的损失难以估量。

不过有一点是很清楚的，那就是科研人员在开发高科技产品时，并未考虑到它们将为犯罪分子带来可乘之机。

而且这个国家有很多人根本不知道，假如没有人买书，书就不复存在了。

（《Diamond LOOP》二〇〇三年九月号）

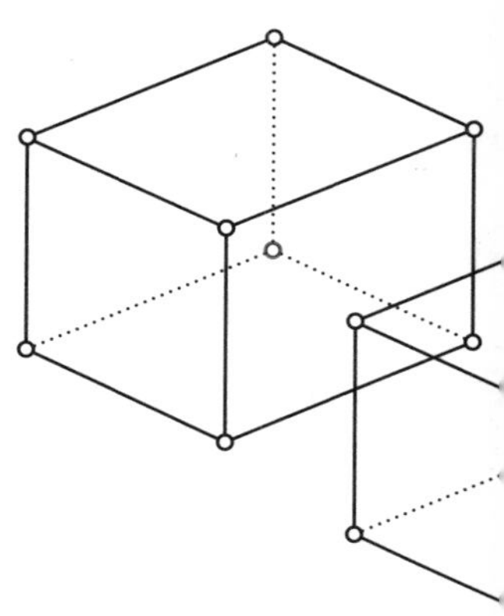

是谁在伤害创作?
著作物をつぶすのは誰か

前不久，我参加了“借阅权联络协会”召开的新闻发布会。协会成员包括漫画家、作家、摄影师团体代表和出版界相关团体代表。作为日本推理作家协会负责借阅权事宜的常任理事，我出席了这次发布会。

新闻发布会做出声明，主张纸质出版物也应该享有借阅权。

这里的借阅权是指作者在其作品的租赁过程中享有的权益，原则上适用于一切创作物，但实际上目前只有音像制品从中分得一杯羹，纸质出版物则被排除在外。个中原因众说纷纭，最主要的声音是:“图书租赁业务是固定份额的，因此租书行为对出版界造成的损失微乎其微。”

不过，如今有些业者准备大幅拓展租赁对象的范围，从主流漫画到畅销文学作品都在其中。

如前文所述，纸质出版物并不享有借阅权，这意味着出租方可以肆无忌惮地侵害原作者的著作权，而无须支付任何费用。这样的买卖堪称一本万利，假如不立法管制，类似商家会一窝蜂地涌现。事实上，在借阅权同样不适用于书籍的韩国，漫画租赁店从十年前开始就已经遍地开花，自一九九三年从零起步到一九九八年的两万多家，让韩国的年轻人养成了对漫画只借不买的习惯。在这种大环境下，新作品出货举步维艰，销量在十年内减少到原先的十分之一。在漫画租赁店登场前的一九九三年，韩国总共有五千多家书店，二〇〇三年却只有不到一半的数量。

一旦新书卖不出去，书店接二连三地倒闭，大量出版社就将陷入经营困境，新书上市也会越发艰难。此时，漫画租赁业会因翻不出花样而生意惨淡，据说韩国当初有两万多家租赁店，也于二〇〇三年减少到八千家。读者付费资助新作品产生的良性循环遭到破坏，使阅读文化迈向衰落。

需要声明的是，我对租赁店并非持否定态度，有时它们的确能起到活跃行业的作用。录像租赁就是一个好榜样，甚至帮助濒临绝境的日本电影起死回生。对如今的电影业者来说，即使票房收入不理想，也可以通过销售录像带来弥补。只要双方和谐共存，租赁业的繁荣对原作者来说绝非坏事，前提条件是原作者一方能享受到租赁收入的一部分。现实却是，哪怕租赁店将一本书或漫画租出上千次，作者都只能得到一册的版税，参与出版的企业也不例外。这样一来，租赁业等于站到了原作者一方的对立面。为了租赁市场的良性发展，确立借阅权是当务之急。

不过毫无疑问的是，即使适用借阅权，原作者的权利也并非百毒不侵，毕竟世上存在太多叫人束手无策的侵犯著作权行为。非法复制便是其中的典型例子，对音乐界的危害更是无法比拟。

长久以来，听众们早已习惯将唱片转录成磁带欣赏。唱片公司也只能默许这种行为，毕竟黑胶唱片是易耗品，反复收听将不可避免地导致音质下降。正是因为心疼唱片，乐迷们才会用上磁带转录的方法。此外，磁带的音质比黑胶唱片逊色，所以唱片公司才睁一只眼闭一只眼吧。

然而时过境迁，光盘已经可以实现无损拷贝。过去非法复制光盘以盗版电脑软件为主，想必有不少人都收到过秋叶原的广告传单吧，上面卖的是Photoshop等高价软件的盗版光盘，便宜得惊人。当时电脑尚未进入千家万户，不仅硬盘容量有限，处理器的运算速度也和今日有着巨大的差距。不过，随着电脑迅速普及，性能也一跃千里，刻录光盘变得易如反掌。只要有人购买母盘借出去，盗版光盘便会疯狂繁殖。用户再也无须购买或租赁，甚至有些租赁店家表示光盘根本租不出去。

至于母盘的传播，一种令人咋舌的手段也茁壮成长起来。没错，正是互联网通信。网民早已不满足于互通邮件这些小动作了，只要有新歌上架，他们随即就会将经过数字化的文件传到网上。光盘复制还要转借朋友之手，而互联网上的非法音像甚至可以经由陌生人传遍五湖四海。在这样的环境下，难怪音乐光盘的销量一年不如一年了。侵权问题让音乐界伤透脑筋，与之相比，我们的借阅权争议都显得小巫见大巫了。

不过，对于音乐界的麻烦，我们也不能隔岸观火，同样的现象迟早会跨行形成威胁。

因为容量庞大、下载耗时过长，影像制品的网络传播尚未形成现象，高清影像就更不用说了。可是，只要电脑技术不断发展，总有一天它们也会面临和音乐同样的困境。

图书出版界也不太平，应该重新斟酌是否要将纸质书草草电子化。至于纸质书，虽然若干年前出现的扫描图像文字转换技术远谈不上精确无误，但那毕竟只是时间上的问题。到时候，也许新书的数字档案会在网上横行无阻，就像已然深受其害的写真集一样。

购买图书的读者是我们的上帝，借书人群可说是上帝的候补。可是我们不能忘记，其中也有潜在的恶魔。

（《Diamond LOOP》二〇〇三年十月号）

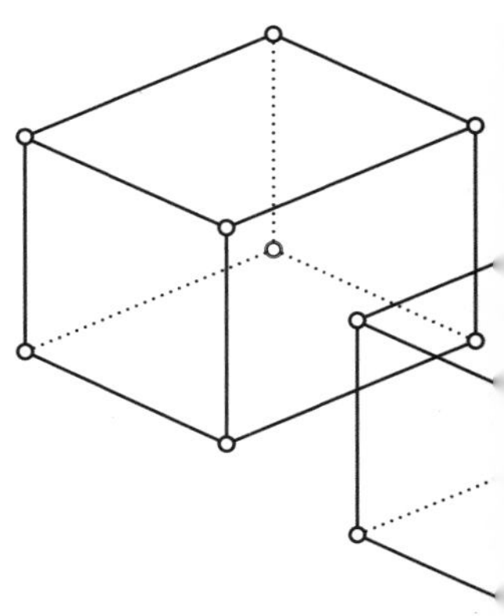

肥胖的罪魁祸首
何が彼等を太らせるのか

想瘦身的人比比皆是，女性尤其如此，就连那些身材苗条的女人也将发胖视作洪水猛兽。于是，五花八门的减肥手段应运而生。

减肥方法究竟有多少？经过一番调查，我发现至少有如下种类：

哑铃操减肥、低胰岛素减肥、负离子水减肥、耳部穴位减肥、草本茶减肥、国立医院减肥、骨盆矫正减肥、绝食减肥、足部穴位减肥、氨基酸减肥、屈伸运动减肥、血型减肥、不吃晚饭减肥、发芽米减肥。

除此之外还有不计其数的方法，因篇幅所限只能不做赘述。

这些方法的有效性未经证实，比如血型减肥听起来就很不靠谱。反观绝食减肥，效果想必立竿见影。

不过只要稍加整理，就能将它们分为两大类：控制饮食和消耗热量。而且无论是哪一类，都需要持之以恒。

对于那些试过各种方法都收效甚微的人来说，坚持恰恰是最难逾越的障碍。

按照阿诺·施瓦辛格的说法，我们不应该过度强调减肥或锻炼。

“它们就和刷牙洗脸一样，应该每天伴随着我们，关键是要让这些习惯和日常生活融为一体。”

施瓦辛格年近六旬却依然保持着完美体型，自然有资格这么说，可是对普通人而言，要习惯控制欲望和忍受痛苦谈何容易。除非是为了治疗疾病，否则减肥以失败告终是再正常不过的了。

重要的是，我们不该因失败而自责，自暴自弃地认为自己一事无成，导致积累过多压力。到了那一步，我们就会破罐子破摔地狼吞虎咽，陷入越减越胖的恶性循环。

减肥原本就是一种非自然行为，失败也不必懊恼，胖一点又有什么大不了？

我觉得，包括年轻女性在内的所有现代人，都对发胖过于敏感。除了运动员和生活习惯导致肥胖的疾病患者以外，所有人都该把健康放在第一位，减肥过头结果搞垮身体就太不划算了。

我们到底胖不胖？光是这一点就让人起疑。有些人明明体格正常，却在周围人的影响下误以为自己需要减肥。

一点进某个减肥食品企业的官方网站，就会看到一个反映肥胖程度的小程序。只要输入身高和体重，就能立刻了解自己的肥胖度，并且得到一份减肥方案指导。

我输入自己的身高和体重后，看见了如下文字：

“您的体重符合标准，但或许可以更苗条哦，推荐两公斤减重方案。”

这段话给人的印象是我的体重比理想状态重了两公斤，于是我又输入了减去两公斤的数字。叫人大吃一惊的是，网站页面上的文字与方才如出一辙。不依不饶的我又在数字上再减少两公斤，结果仍旧没变。

不断重复这一过程后，屏幕上终于显示：

“您的体重过轻，推荐提升体力的方案。”

很简单，这个程序根本没有设定理想体重。它只会让你不停瘦身，直到体重变得过轻。

不知道会有多少人相信网站上的结论，可是对一家以健康为卖点的企业来说，这么做未免太不负责任了。难保不会有明明不胖的女孩子因为做了测试就去挑战两公斤的减肥目标，失败后陷入前面提到的恶性循环。

类似的现象充斥整个社会。近年来，日本人对理想体型的看法似乎来了一个大转弯。说白了，人们越来越觉得瘦即是美。

综上所述，减肥需要结合专业意见。首先得搞清楚，当事人认为自己肥胖究竟有没有道理。假如真的有必要瘦身，专业人士可以提供合适的方案。

我们要到哪里去找这类专业人士进行咨询呢？最理想的对象是公共机构。毕竟，如果让减肥产品相关的企业提供服务，可信度就要大打折扣了。他们也许会像制造假发的恶意商家那样，把商品兜售给用不上的人。

近来，公共体育锻炼场地的条件大为改善，其中有些设备甚至堪比健身俱乐部。花钱添置器材自然值得鼓励，可是配备优秀的减肥咨询师难道没有必要吗?

依我的想象，大多数人都无须减肥，但这不意味着我们应该保持现在的生活方式。

显而易见，现代人大都运动量不足，饮食习惯也不太健康。说得极端一点，每个人的生活方式都值得推敲。

还有值得注意的一点是，我们的身体功能正在逐步退化。比方说，因为活跃的毛孔数量不够多，如今的年轻人很少出汗。众所周知，这一切的罪魁祸首是空调。据说只要年满三岁，人类的毛孔数量便会固定下来，一旦在那之前发汗量不足，毛孔就会变少。出汗少意味着新陈代谢不佳，体内杂质难以排出。这样的人在将来不需要减肥才怪。

一面破坏自己的身体基础，一面尝试不必要的减肥计划——我们究竟要将这场闹剧自导自演到几时呢?

（《Diamond LOOP》二〇〇三年十一月号）

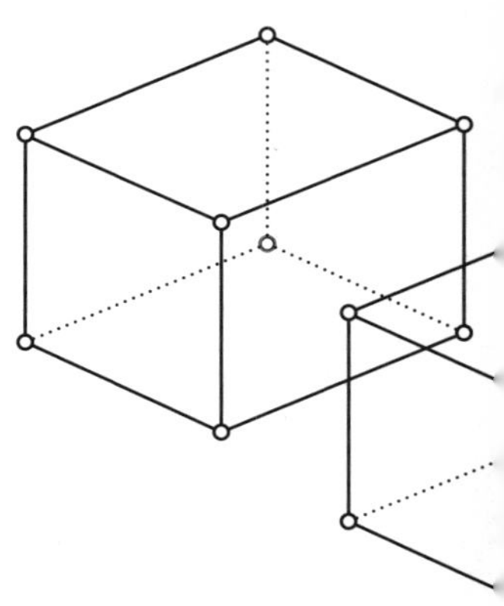

辅助工具的限度
ヒトをどこまで支援するか?

我正在犹豫要不要买新车。现在的这辆车已经开了十年，行程大约十万公里。虽说车况良好，但我也想早做准备。

久违地看到汽车广告还挺有乐趣，我曾在某汽车生产商那里工作过，被车辆配件的名称勾起丝丝怀念。

其中有个例外，那就是导航系统。

十年前这种技术尚未普及，现在则成了汽车的必备品。导航系统的售价曾经达到数十万日元之高，如今却降到原先的十分之一，功能也更先进。

我也有好几次想给爱车装上导航系统，毕竟和朋友出去兜风时，一谈到导航就接不上话了。而且有了它，找加油站和便利店也不费工夫。

不过，我至今还未能付诸行动，最大的原因是我喜欢一边翻地图一边开车。比起小心翼翼地点导航仪，摊开地图更省事。日本的道路的确错综复杂，即使停在路边看地图都不一定能找到自己的正确位置。不过，一时迷路是正常现象，我也不在乎。不妨说，绕点远路往往会有意外的发现，也是学会抄近路的必要条件。

如今在陌生地界租的车几乎都装了导航仪，只要输入目的地，选择是否走付费公路，就算大功告成了。虽说有的型号操作起来不易，但导航仪绝不会认错路，确实很方便。

然而，单凭导航画面上的定位和周围的一小块区域，我根本记不住新的路线。虽说这不耽误把车开到目的地，可整个过程让我如堕五里雾中，也搞不清起点和终点的位置关系。

我认识的一位青年编辑近来买了新车，来自外地的他从来没有在东京开过车，但现在一放假就会外出兜风。让我吃惊的是他竟然不带地图，而如今这种情况很常见。

然而，这位编辑似乎并没有记住东京和周边一带的路线。毕竟全程有导航仪指挥，甚至不输入目的地的话，连车子都发动不了。

这一现象很像文字处理机带来的副作用。文字处理机普及后，人人都能轻而易举地用复杂汉字写文章，但被要求手写时又觉得困难，有的人甚至连过去认得的字都忘到九霄云外了。

今后，像他这样的司机只会越来越多，未免令人担忧。司机要做的不仅是发动汽车，还要计划行进路线，遇到突发状况时要迅速改变路线。导航设备只是辅助工具，假如少了它连车都开不了，我们就真的成了机器的奴隶。

汽车工业发展日新月异，比如自动变速器的发明让我们告别了手动换挡与离合器，得以轻松地驾驶汽车，也减少了失速现象的发生，在坡道上为发动汽车犯愁的人以后会越来越少。而电子控制燃油喷射系统能随时调整出最恰当的混合比，淘汰了节流阀。动力转向功能则让腕力不足的人也能驾驶大型车辆。

除去故障概率，在方便驾驶这一点上，科技几乎已经发展到顶峰了。只要司机不断提高驾驶水平，开车就能成为既舒适又安全的体验。

不过，汽车厂商将研究目标推向了新的领域——辅助驾驶，尝试让司机不再需要磨炼驾驶技术。

其中最早引人注目的要数防抱死制动系统了。有了它，即便在路滑的环境中急停，电脑也会分别控制四只轮胎上的刹车，实现最短距离制动。

确实是了不起的发明，但是随着这项技术的普及，越来越多的人无所顾忌地在潮湿路面上猛踩刹车。反正不影响驾驶，他们根本不在乎这么做究竟有多危险，也丧失了学习轮胎打滑知识的机会。

辅助工具隐藏的危险就在于此。

上期杂志（《Diamond LOOP》二〇〇三年十一月号）刊登了一篇题为《科技新热点预测》的文章，也谈及了汽车的未来，大胆预言了踏板和方向盘操作将被转变成电子信号，使电子伺辅驾驶成为可能。

这种命名方式应该是来源于飞机的电传操作系统（**注："电子伺辅驾驶"的英文为"Drive by wire"，"电传操作系统"的英文为"Fly by wire"**）。通过这项成熟的技术，飞行员可以将飞机暂时切换为自动驾驶。

一旦电子伺辅系统研发成功，运用在汽车辅助驾驶上也顺理成章。驾驶员只要将电子信号输入计算机，计算机就会自行将命令调整为最佳状态。说得极端一点，即便面对障碍物时司机误踩了油门，电脑也会自动刹车。

这样一来，安全是有保障了，可结果真的理想吗？错踩了油门的司机根本不知道自己犯了多大的错误，继续大摇大摆地开车。就算电脑给出警告，只要不发生事故，司机很有可能对危险还是认知不足。

开车变得容易固然是好事，但假如辅助工具冲淡了司机的责任意识，让他们丧失提高驾驶技术的欲望，汽车社会就会遭到破坏。毕竟，社会必须由人来建立。

我真心希望，未来在面对事故时，不会有司机辩解："这不能怪我，都是电脑开车惹的祸！"

（《Diamond LOOP》二〇〇三年十二月号）

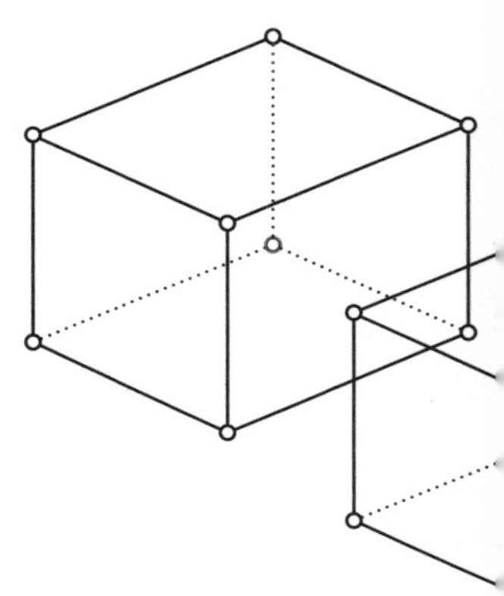

自生自灭
滅びるものは滅びるままに

我正在某本杂志上连载一篇小说，请不要吃惊，故事和黄色牵牛花有关。

恐怕有不少读者会觉得奇怪，不明白黄色牵牛花有什么好大惊小怪的。

牵牛花种类丰富，想必很多人都记得上小学时观察过一种圆嘟嘟的花朵，那只是其中最具代表性的大花牵牛。其实，世界上还有一批突变牵牛花，颜色、花纹、花朵和叶子都各不相同，有的一眼看去还认不出来。

言归正传，我之所以关注黄色牵牛花，是因为如今在众多的突变族群中偏偏没有黄色的花朵，甚至被称为幻想中的事物。

当然，有类似情况的花卉还有不少，最具代表性的要数蓝玫瑰了。无数研究机构试图人工培养出蓝色的玫瑰花，但均以失败告终。

蓝色康乃馨是一个出名的成功案例，三得利的花卉研究部门借用含有蓝色酶的碧冬茄遗传因子，培育出了这一原本不存在的品种。

可这些传说中的花卉和黄色牵牛花在本质上是不同的。蓝玫瑰和蓝色康乃馨都是自然界中没有的物种，但黄色牵牛花曾出现过。

栽培牵牛花最为盛行的是日本江户时代的文化文政时期和嘉永

安政时期，当时流传下来的文献中便提到过黄色的品种。它颜色鲜黄，与奶油色又有所不同。可是明治时代以后，突变牵牛花的栽培曾经中断过一段时间，记录中提及的几个品种从此无法重现，其中也包括黄色牵牛花。

我的小说围绕着试图用生物科技重现黄色牵牛花的人物展开。刚想到这个点子的时候，我觉得还挺浪漫的。只不过，越是深入思考复活灭绝品种的意义，答案就变得越严肃。

毫无疑问，世界各地有很多生物惨遭灭绝。日本的野生朱鹮已经不复存在，西表山猫也即将步它们的后尘。于是，人们开始探讨利用基因保存和克隆技术来复活这些物种的方法。

克隆羊多利诞生时，我也有不谋而合的念头，庆幸如此一来我们就不必再失去那些宝贵的动植物了，甚至幻想着复活古生物。的确有科学家从西伯利亚冰封的化石中提取猛犸的基因，试图克隆它们。虽然要找到状态良好的基因并不容易，但技术上已经完全可以实现。

我不打算对他们的研究说三道四，也并非没有声援的意思。可是想想灭绝物种复苏后的情景，我便乐观不起来，甚至还有点想不明白。

重回世界的克隆生物会被怎样对待？是被小心翼翼地保护起来，免得再次灭绝，还是会因为容易复制而被随手丢弃？后者自不必说，就连前者都让人觉得不舒服。想想日本最后一只朱鹮被保护机构饲养的模样，难道不觉得可悲吗？

我们失去的首先是朱鹮赖以生存的环境，其次才是这一物种。我们担心西表山猫灭绝，不仅是在为珍稀动物的消失而难过，更是不希望看到它们悄然栖息的可贵环境又少一处。

即使灭绝物种被一一带回人间，我们也无法将动植物曾经生活过的那一方天地还给它们。这真的能成为拯救吗？它们只是那些小小世界的象征，即使回到我们身边，也不意味着我们赢回了失去的一切。

毫无疑问，罪魁祸首正是人类。过度捕猎、破坏环境、让野生动物接触家畜是历史上野生动物灭绝的主要原因。

因此，假如人类要负起责任，就应该先将自己剥夺的那一方天地拱手奉还。可我们真的能做到吗？也许技术上可以实现，但那需要人类修改未来的发展计划。

人类为了自身的繁荣做出了一个又一个的选择，结果破坏了其他生物的圣地。可以说，拯救环境的先决条件是不再将自身繁荣作为选择的优先考量。试问，会有多少人赞同这种想法？

有些人身处科技文明奠基的大都市，为了散心才去亲近大自然，跑到偏远地区却发现自然已经遭到人类文明的侵蚀，于是大声叫嚣要保护环境。可是，难道住在郊外的人们就没有资格享受科技了吗？

我认为，要让环境恢复如初纯属痴人说梦。

"我觉得，应该让一切自生自灭。一个物种的灭绝必然有它的理由，我认为，黄色牵牛花从世上消失是庞杂的自然连锁反应造成的后果，而那是人类难以想象的。靠生物科技复活它就和电影中再现恐龙的举动一样，未必会给灭绝物种和人类带来幸福的结局。"

这是前面提及的小说节选，来自一位牵牛花爱好者对试图复活黄色牵牛花的主人公所说的一席话。即使身为作者，我仍旧无法判断主人公和爱好者究竟谁对谁错。

不过有一点是肯定的，即使人类复活了朱鹮和西表山猫，也不能就此以为自己偿还了罪责，也不意味着世界恢复了原样。它们在现今世界仍然没有生存空间，而造就这一环境的正是人类。至于人类，只能在这样的世界生存。

当然，对自然环境的破坏不可能永久持续下去，终有迎来结束的一天。可是我猜想，那和人类的努力没有关系，因为我们既没有决定性的力量，也不可能选择自我否定的道路。

停止破坏自然之日，便是人类灭绝之时。地球知道那一天必然会到来，或许还在翘首以盼。

假如你的基因得以保存，在人类灭绝之后被某个主体克隆复活，你觉得那个人会幸福吗？

（《Diamond LOOP》二〇〇四年一月号）

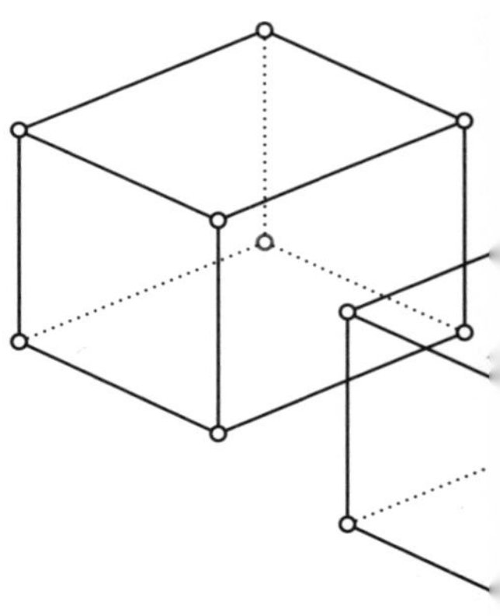

过目即忘
調べて使って忘れておしまい

开始写这组连载时，我曾谈及科学技术的进步对写作的影响。虽然吃了不少苦头，但我的工作方式还是变得轻松便捷了。尤其是上网查询既省时又省力，堪称作家的得力助手。当然，正式采访还是需要尽量和当事人见面，不过假如只是想给自己的描写和解释锦上添花，互联网则有着明显的优势。足不出户就能上网查到全世界各领域的知识，还不限时段，让我们这些动不动熬夜的人越来越离不开它了。

查资料时，我还会用到电子词典，而且在办公室和客厅里各放了一部。为什么要放在客厅里？原因很简单，因为在那里用到电子词典的机会比办公室多。看杂志或电视、发呆抽烟的时候，若是有问题在脑海里闪过，我就可以随手查查。

比如，听音乐时会有这样的疑惑：黑人说唱与食品包装有什么关系？

要是身边有人在就能问问看了，可惜大多数时候与我作伴的只有猫咪。于是，我便去请教电子词典。轻轻地输入文字后，答案便手到擒来："说唱"的英文是"rap"，"包装"则是"wrap"，两者除了发音之外毫无关系。顺便还能发现，赛马用语里的"圈数"在日语中的发音和这两者一致，但其实在英语里写作“lap”，和它们完全不一样。甚至日文汉字“乱舞”有时也会写成同样的注音，真的是不查不知道。我的电子词典自带百科全书，很少有回答不上来的问题。

我的姐姐是一名教师，也在客厅里放了一摞百科全书，原因和她的职业气质相符：有问题能立刻查。不过，她用的可是大部头的百科全书，总共二十多本，塞满了整面书架，想抽出来都得费一番工夫。电子词典在这方面就省事多了。

不过，在秋叶原电器街上挑选词典的时候，我发现尽管众多厂商推出了大大小小的各种型号，包含百科全书的却寥寥无几。营业员给出的解释是：

“奔着百科全书而来的顾客挺少的，大家一般只需要简单又便宜的国语词典和英日双语词典。”

原来如此，既然消费者不需要这个功能，厂商自然没必要提高成本去扩充容量。

我又问了营业员有关电子词典的消费群体，对方说主要有公司职员和学生。

这倒是让我挺意外的，想不到现在的学生如此阔绰。

最近，我为了给新书做宣传去了好几家书店，其中一位店长如此说道：

“就算开学了，词典也卖不出去。之前我们总会备些货，可是现在的学生都不买了。”

据他所说，原因果然出在电子词典上。听到我感叹学生荷包满满后，他随即回应道：

“掏钱的是家长，毕竟要是把国语、英日、日英、汉字这些词典都买一遍，开销确实挺大。算算这笔账，买一部电子词典还更划得来。”

我是头一回听说，如今的学生可以把电子词典带去学校，在英语课上光明正大地拿出来用。

“现在上学可真轻松啊！”我与当时也在场的编辑不谋而合。

电子词典的好处不仅是携带方便，用过的人都知道，拿它来查单词是多么简单。查询拼写复杂的单词时，只要输入头几个字母，词典就会提供越来越精确的联想选择，让那些翻开厚厚的英语词典、对着小字干瞪眼的人艳羡不已。用它做单词卡片更是轻而易举，不过也没有那个必要了。

让人吃惊的还在后头，市面上居然已经有连英文字母都不用输入的电子词典了。

这种新型词典的外观就像一只大号钢笔，笔尖处安装着微型扫描仪，只要用它轻轻划过想查的单词，机器就会自动将结果显示到液晶屏幕上。如果是印刷本上的单词，单靠一只手便能解决全部问题，堪称魔法般的设备。

然而，人到中年的我不禁思忖起来，这种所谓的方便真的是好事吗？

在电子计算器疯狂普及的年代，曾出现小学生用计算器解数学题导致得不到知识锻炼的问题，有些孩子甚至偷偷地将计算器带去学校。

印象中，年轻人的心算能力似乎越来越差了。看着那些为计算消费税而掏出计算器的人，总觉得这不是耸人听闻的事。心算能力只能在孩提时代培养起来，我推测正是电子计算器剥夺了他们锻炼的机会。

过于方便的电子词典给人带来同样的不安，毕竟用纸质词典查单词本身就是一种有效的训练。比如我们在查英文单词的时候会先将拼写记在脑子里，然后去翻词典。要是记不清，还会重看一遍。因为记错拼写是无论如何都查不到那个单词的，我们只能一遍又一遍地复习。通过这一过程，我们不仅渐渐记住了单词，与学习英语有关的脑细胞也得到了训练。试问，用笔型电子词典扫描对锻炼大脑有什么贡献？这种情况不仅限于学英语，查询国语和汉字词典的时候，我们学到的知识也不仅仅是某一个词语或汉字。

据说用手机发消息不会像写信那样动用脑前额叶，所以不会产生疲劳，难怪年轻人会乐此不疲。

人类总是懒得动脑筋去想复杂的问题，可一味满足惰性就万事大吉了吗?

一味地责怪孩子并不公平，只要有投机取巧的办法，所有人都会蜂拥而上。

因此，我们这些成年人应该为他们的大脑发育负责。

（《Diamond LOOP》二〇〇四年四月号）

谁来替他们发声?
誰が彼等の声を伝えるのか

正如个人资料上所写的那样，在成为作家之前，我曾经是某汽车零件生产商的工程师。每当在采访中提到这件事，记者都会吃惊地问：

“您负责的是……”

一开始，我还以为对方真的有兴趣，便会认真地回答：

“是生产技术方面的工作。”

记者却听得云里雾里。这也难怪，毕竟对方从事的是小说专访类的工作，作为典型的文科生，对制造行业想必知之甚少。他们往往感到疑惑，报以尴尬的微笑。其中有的人甚至会问：

“哦，要用到氰化钾和氰化钠吗？”**（注：在日语里，“氰化”的部分发音和“生产”相同。）**

推理作家似乎要和剧毒物沾边才不算奇怪。

于是，后来再被问及过去的工作，我的答案就变成了这样：

“啊，我做的是科研之类的工作。”

换作理科出身的人，多半要接着刨根问底，文科生却不会。他们提问本来就只是为了活跃气氛，没有更深的含意。

不仅如此，我在弃理从文后也深深地体会到，这个世上对科学技术抱持关心的人的确寥寥无几。甚至可以说，大多数人是懵懂无知的。

比如说，我辞职来到东京后，就从好几名出版社人员的口中听到一样的话：

“没想到你会离开那么好的公司，不过既然痛下决心转行，就得赶紧追上从前的收入呢。”

我顿时心生恐惧，莫非作家如此穷困潦倒不成？按我的计算，哪怕书不好卖，只要每年写上三四本新书，也抵得上过去在公司当职员时的收入。当然写不写得出来就另当别论了，只不过那时我还是信心满满的。

事实证明我没有想错，也因为一开始将目标设得比较低，第一年就挣到了超过原本工资的收入。可是，出版社的人明明知道我挣了多少钱，仍然会说：

“生活挺艰难的吧？要拿到工程师时的待遇可不容易啊。”

因为好奇，我便开门见山地问了他们心目中的工程师收入，得到的回答却让人大跌眼镜：

“那么大的公司，总得有一个整数吧？”

原来在他们的眼里，一名二十多岁的公司技术员能拿到千万日元的年薪。在制造行业谋生的读者或许会以为我在胡说八道，可上面说的是真人真事。

在某本小说中，我创作了一个在工厂研究所里就职、为生计发愁的角色，遭到了校对人员的抱怨："在工厂里搞科研的人，收入一定不差。" 当我问他这么说有何根据时，对方的回答是："没什么根据，应该就是这样。"

看来在他们的想象中，工程师和研究员是少数精英，因为这群人在他们不擅长的数理方面成绩优异，还能借此谋生。他们或许认为数理成绩不佳才算正常情况，否则便是特例。

假如企业领导的想法也和他们一样，工程师和研究员就该谢天谢地了。事实却是，无论是多么具有划时代意义的科研成果，对经营者来说都只是一份工作成绩。因此，他们只需要为劳动时间支付相应的报酬就行了。或许很多人都听说过蓝色发光二极管的发明者和就职公司所打的官司，但那只是上述问题的典型例证而已。

出版社的人听到这件事后也不禁感叹：

"无论有多么了不起，研究员都只会被当作一个普通员工来对待啊。"

讽刺的是，对科学技术越是无知的人，反而越能理解科研人员的价值。

可是，他们未必想了解工程师和研究员。

在某本小说里，我试图详细地描绘生产现场那一丝不苟的气氛，以便让读者理解全书的主题。然而编辑看过原稿后，虽然对故事很满意，但提出了这样的要求：

“关于工厂的那段内容就不要了吧，既枯燥又难懂，读者不会喜欢的。”

尽管我苦口婆心地解释“考虑到小说的性质，那部分内容必不可少”，还是很难说服对方。我在沟通中发觉，原来编辑根本不想看到什么生产现场，也不想知道是谁在制造那些方便的机器，“有人在造”这个事实便已足够。

NHK的节目《X计划》算是相当有名了，收视率也不差。可遗憾的是，除了工程师时代的那些同僚以外，我的身边很少有人爱看那档节目。可以说只有参与过产品制造的人才会对节目中的人物产生共情，其他人只会看那些与制造无关的集数。

在日本泡沫经济的鼎盛时期，我曾向某位编辑感叹世风日下。我当时说，虽然销售员和广告商被大肆追捧，但他们只是啦啦队而已，真正参与竞赛的运动员也该得到足够的重视。毫无疑问，运动员指的就是生产者。

编辑却一脸认真地回答道：

“可是等电脑和机器人技术成熟了，亲手做东西的人类不就会越来越少了吗？”

听了这话后，我真的觉得气不打一处来。难道他以为电脑和机器人都是从石头缝里蹦出来的吗？他对那些东西又了解多少？

发行图书也是在为同时代的人发声，可是就连这些代言人都对科学技术和生产者漠不关心，谁还能替他们说话呢?

理科与文科之间的鸿沟依旧深不可测。我作为偶然跨过这道鸿沟的幸运儿，有义务将另一边的世界介绍过来。

（《Diamond LOOP》二〇〇四年五月号）

读理科赚到了？
理系はメリットか

我觉得把人分成文理科生的意义不大，而且要精确分类很难。不过，从毕业院校和工作经历来大致区分的话，我无疑要被归为理科生。

理科出身的作家不多，因为若是在数理化的道路上挺进下去，半路越轨成为作家的概率会越来越小，最后所剩无几。努力成为小说家的人都会把个人的经验和知识融入自己的故事里，但理科生在这方面要费力得多。在理科的世界里待得越久，掌握的知识和经验就越专业，想通过故事传达给普通人也就难上加难了。因此，我能成为作家，可以说也是因为早早地脱离了理科大军。

不过在竞争激烈的小说界，有点特色总是好事。于是，我有意识地将自己的理科专长发挥出来。

不少作家朋友会羡慕我对科学技术的了解。其实也谈不上有多了解，只是在涉及科学题材时采访起来得心应手，阅读资料也比较驾轻就熟，人脉也四通八达。

但反过来说，这些就是我仅有的武器了。我对其他领域几乎一窍不通，唯独体育方面还略知一二。最让我伤脑筋的是历史知识，一旦要上溯到跨度过大的江户时代，对具体朝代的印象就模糊不清了。之前我甚至以为忠臣藏的故事发生在幕府末年，真是贻笑大方。我最近在历史杂志上连载一篇小说，被大力宣传成“作者的首部历史推理剧”，可情节是用现代科技复苏江户时代的黄色牵牛花，当然应该被归类为科学推理。连我都不得不承认，广告涉嫌虚假宣传。

而且，我越来越觉得对作家这个职业来说，自身的理科经历其实弊大于利，尤其是在阅读其他作家备受褒扬的作品的时候。

直到前不久，我还是某推理小说文学奖的评委，时不时会看到一些作案诡计难以用科学来解释的候选作品。我在评审的过程中会指出这些问题，意外的是其余的评委往往对此不深究。

比如在某部作品中，受害者被汽车撞飞后弹到了电线杆上。我断言现实中绝对不会发生这样的事，因为车是从水平方向开过来的，怎么可能把人撞上天。无论小说的文学价值如何，考虑到这部分内容与凶手的作案诡计关系密切，我表示无法认同。

然而面对苦口婆心的我，其他评委似乎反应不过来，甚至有的人还说：“只要调整好击球角度，高尔夫球也会朝上飞，人撞上挡风玻璃后也会这样吧。”不同于高尔夫球，人的身体几乎没有弹性，只会被撞扁。可是无论我怎么解释，对方都只是报以苦笑。

作品最终落选的原因并非是我提到的技术问题，而是别的评委指出的文学瑕疵。我从头到尾都像在发表文不对题的演讲，还挺丢人的。

在其他场合下，我也发现别人并不像自己那样拘泥于作品的科学逻辑。我觉得，即使以科学的眼光来看，诡计设计得十分牵强，也不应该就此将作品打入冷宫。不妨说，适度的夸张会让谜题显得更有魅力，也常常使故事更受欢迎。

理科知识的副作用就在于此。一旦过度执着于科学逻辑，往往就很难做出大胆的想象，创作的门槛也会变相抬高。很难说这类作家不是在刻意地约束自身的想象力。

我写过一部穿越时空的小说，讲的是未来的儿子回到过去见父亲的故事。作品很快要被改编成电视剧了。对制片人和编剧来说，适度的改写是理所当然的。我秉持的原则是只要情节精彩，就算被改得面目全非也无伤大雅。可是听到他们的修改方案后，我却认为它太不合理了。

他们想在大结局里让观众看到父子两人过去的合影，而且是用电脑屏幕显示出来。为此，电视剧必须加入一段儿子穿越到过去后用数码相机拍照的情节。可是相机不能和他一起穿越，于是身为电脑天才的儿子就必须在过去亲手制造一部数码相机。

我斩钉截铁地表示那是无稽之谈，毕竟在那个年代几乎连液晶屏幕都见不到。就算在秋叶原搜集到一大堆零件，也绝不可能造出如此先进的机器。哪怕他真的做出来了，尺寸也会大到搬不动。如今的数码相机之所以这般小巧，是因为有专用的大规模集成电路来支持。

不过，制片人和编剧似乎不想放弃，铁了心要在结尾播放父子两人的数码照片。

我绞尽脑汁查阅过去的科技资料，希望能用什么方法实现数码成像技术，就算多少有些牵强也没关系。最后，我终于找到了一条出路。

制片人对我表达了感谢，却并未采纳那个方案，因为解释的过程太过繁琐。最终，他们依依不舍地删掉了那段情节。

事情没办成，但给了我一个教训。我们大可嘲笑制片人和编剧对科学的无知，然而不正是因为有这个条件，他们才能想出精彩的结局吗？尽管最后未能实现，可假如拘泥于科学常识，那种奇思妙想就会与我们擦肩而过。通过日复一日的天马行空，一个个在科学上也站得住脚的美妙主意便得以发芽生长。

理科出身的作家必须提高警惕，不能让科学成为束缚自由想象的枷锁。

写到这里，我猛然醒悟，正是因为当了作家，自己才有必要动这番脑筋。

还是一名工程师的时候，我接受的教诲就是要抛弃先入为主的观念，不受现有技术的拘束，不断怀疑常识。

也许对理科生来说，要为某样东西刻苦钻研不在话下，但要进行头脑风暴就有点找不着方向了。技术人员组队都解决不了的难题，却被一个门外汉文科生一语道破玄机——这类趣闻比比皆是。而技术人员制造出来的手机也往往因为女高中生的异想天开，被发掘出连开发者本人都猜不到的用途。

理科作家这块招牌以后还是少打为妙吧，免得被人说成缺乏想象力。不过，或许我只是一个失败的特例，也难怪会从理科大军中掉队了。

（《书海旅人》二〇〇四年八月号）

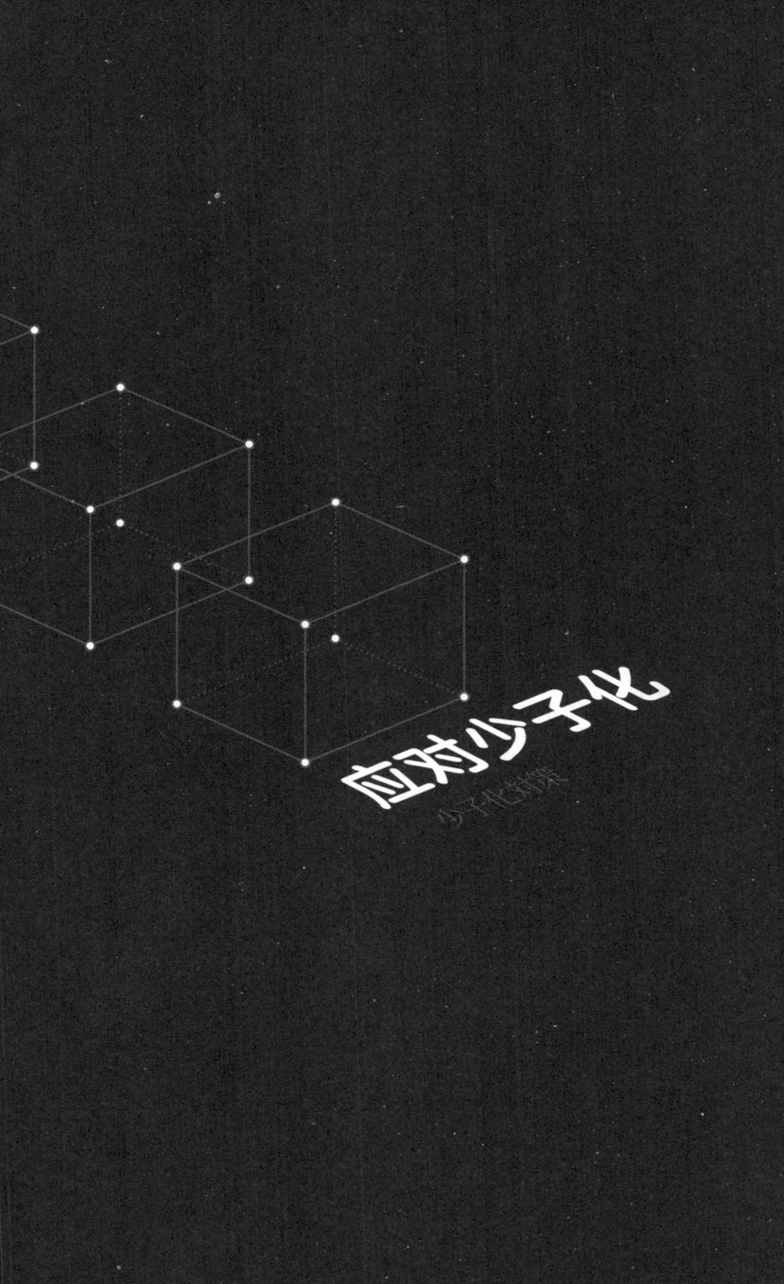

应对少子化

少子化対策

请原谅我谈及一个沉重的话题，前不久我的母亲离开了人世，享年八十一岁。很早以前医生就让我们做好心理准备，所以事情并不显得突然。更令我们这些孩子伤脑筋的是，该如何安顿八十六岁高龄的父亲。

两个姐姐都住在婆家，我又是单身，老人由谁照顾成了一道难解之题。

写这篇文章时，结果依旧悬而未决。毕竟母亲的后事尚未处理完毕，每次见面时，我们姐弟都会商量这件事，但还没有完全搞清楚父亲的真实想法。

这类问题非同小可，恐怕有许多人都在面对并烦恼着。

可我也稍稍松了一口气，虽然父亲已经高龄，但我自身还没到那个年纪。

我今年四十六岁。在我出生的那年，父亲四十岁。老实说，小时候对于两人年龄的差距，我还是耿耿于怀的。和同学们相比，我的父母年纪要大得多。进入青春期后，我开始思考未来，心情越发沉重。两代人相差四十岁，意味着我年过二十时就要面对六十岁的父母。在当时的我看来，六十岁以上的老年人什么事都做不了。一想到年纪轻轻就要照顾二老，我甚至感到绝望。

然而，我担心的事并未发生。即便年过七旬，父母依然身体硬朗，我得以和同龄人一样专注于自己的人生。而且身为匠人的父亲没有退休限制，经济上直到最近都不用子女劳神。

父亲正在迈向人生的终点，不过我离职员的普遍退休年龄——六十岁还有十余年的光景，这真是一件值得庆幸的事。假如我出生时父亲只有二十多岁，现在的我早就年近六旬。那么我不仅要担心父亲上了年纪的事，还不得不操心自己的晚年。

我曾经怪罪父母高龄生育一事，如今却天天为此反省，打心底里感激他们这么做。

根据这份经验，我开始思考今后少子高龄化社会的应对手段。

一位两年前当了父亲的作家朋友对我说：

“一想到等孩子长大时我都六十多岁了，心里还挺不安的。”

大龄父母中有类似想法的不在少数，可是他们完全没有必要担心，因为等他们开始安度晚年时，孩子也恰好长大成人了。

很多人说，早生孩子将来就会少吃苦头。也许他们认为早点把孩子养大，夫妻二人就能好好享受后半生。可时代在变，无论社会还是个人的生活方式都已今非昔比。

平均寿命的延长是不争的事实，有人说其中最主要的原因是新生儿死亡率的降低，不过如今百岁老人的数量是四十年前的一百倍，由此可见，人类确实越来越长寿了。

人类不仅活得久了，衰老的速度也在变慢。从前只是年过五十就显得老态龙钟，现在这种情况只属于个别现象。和过去相比，现在二十多岁的年轻人简直就像孩子。

可以说，我们的人生像弹簧一样拉长了。无论少年、青年还是壮年时期，人经历的时间都越来越长。

可惜社会没能跟上人类身体的变化速度，退休年龄便是一个例证。寿命延长了那么多，大部分企业却仍然实行六十岁退休制，让人不得不浪费大把时间赋闲在家。

另一个大问题是，我们对生育年龄的认识仍然和几十年前如出一辙。

比如，女性过了三十五岁后怀孕，就会被说成高龄产妇。面对转瞬即逝的选择时限，大多数女性都在三十岁之前当了妈妈。明明要度过更加漫长的人生，但在生孩子这件大事上，她们仍然没有回旋的余地。

而且职业女性和男性一样，进入行业的头十年至关重要。假如留出一两年空白期来怀孕和育儿，她们的职业竞争力也会大打折扣。

我认为，日本陷入少子化危机的最大原因是社会环境迫使女性不得不放弃生育。当今时代，年过三十的女性不会像从前那样被当成中年妇女看待。随着寿命的延长，女性保持年轻貌美、享受工作的时光也相应延长了。可是社会对育龄的要求故步自封，自然让许许多多的女性在不知不觉间错过了所谓的时机。酒井顺子（**注：日本**

女作家，后文提及的观点出自她的畅销书《败犬的远吠》）认为女人年过三十还未婚未育就算是失败者，但我觉得在这个年纪就断言输赢为时过早。

我的想法是，要在少子化问题上悬崖勒马，只能放宽女性的生育年龄标准。如果有一个宽松的环境，让她们踏上岗位后能花十年的时间专注工作，此后再考虑结婚生子，很多人就不会像现在这样因为年龄放弃当妈妈了。

事实上，女性的想法正是沿着这种思路在改变。一九七五年，日本三十五岁以上的产妇只占总体的3.8%，现在已经飙升到10%。愚蠢的政客们只看到越来越多的高龄产妇而发愁，却对拯救国家的契机无动于衷。

当然，高龄产子确实伴随着危险，尤其是在医护方面。因此，政府要做的就是改善医疗体制，让高龄女性也能安心生育。在抑制女性身体老化方面也应该投入精力，毕竟如今的老爷爷只要有蓝色小药丸就能老当益壮，让女性早早掉队岂不厚此薄彼？

我们必须塑造新的环境，让四十岁的男性和三十五岁的女性也能顺理成章地为人父母。到了这个年龄，应该有了一定的经济基础。和过去相比，培养孩子需要耗费的体力有所减轻，三四十岁的人身体也好得很，甚至强过二十多岁的小年轻。这样更成熟的人来当父母，虐待儿童的事件想必会相应减少，“大孩子养小孩子”的挖苦声也该消停消停了。

不过，将退休年龄推迟五到十年同样势在必行。如此一来，即使父母年近九旬，子女也能继续自食其力。

既然人比从前长寿了，女性美丽又充满希望的时光也该维持得更久。我们的目标还不够清楚吗？也许有人会说，我只是在扩大自己找对象的范围，这当然也是一个重要原因。

（《书海旅人》二〇〇四年九月号）

预测北京奥运会

北京五輪を予想してみよう

我想和大家聊一聊雅典奥运会。虽说等到本文刊登的时候，这个话题已经过时了，但此时此刻我刚刚看完闭幕式，兴奋的情绪尚未消散。

在雅典奥运会上，日本代表团的最终成绩是十六金九银十二铜，总共获得三十七枚奖牌，令人欢呼雀跃。在雅典奥运会开幕前，我预测日本获得的金牌数是八枚，细分成男女柔道各两枚、女子摔跤两枚、游泳项目的北岛康介或田径项目的室伏广治一枚，还有其他项目一枚。在我的想象中，棒球、女子垒球和女子马拉松都是日本无缘金牌的项目，幸好结果出乎意料。不过，日本体育究竟有没有变强？能否在北京奥运会延续辉煌？我将回顾各项目在雅典奥运会的表现，对日本代表团在北京奥运会的成绩做出预测。

在本届奥运会上，日本斩获奖牌最多的项目是柔道。虽然自东京奥运会开始，柔道就成了正式的比赛项目，但当时的重量级别只有四个，如今已增加到七个。而且从巴塞罗那奥运会开始，女子项目才正式列入比赛。也就是说，与当年相比，光是柔道就多了十个比赛项目。

从东京奥运会到雅典奥运会，日本获得的男子柔道金牌分别为三枚、三枚、三枚、四枚、一枚、两枚、两枚、三枚和三枚。虽然日本在洛杉矶奥运会上包揽了男子柔道的四枚金牌，但是考虑到当时东欧国家没有参赛，成绩还是要打折扣的。由此可见，从东京奥运会到雅典奥运会，日本男子柔道的成绩起伏不大。

反观女子柔道，从巴塞罗那奥运会到雅典奥运会获得的金牌分别为零枚、一枚、一枚和五枚，可以说进步显著。

不过，无论是男子项目还是女子项目，日本代表团在北京奥运会上恐怕都难以保持这种势头。对中国代表团来说，美国人的弱项可是一块香饽饽。和汉城奥运会的韩国一样，他们想必也会对柔道金牌虎视眈眈。我预计，苦苦迎战的日本代表团在柔道项目上总共能获得三枚金牌。

与女子柔道一同大放异彩的还有女子摔跤，运动员们在四个重量级中贡献了两枚金牌和一银一铜。可以说，日本姑娘成了本届代表团的功臣。

可是，今后在这个项目上我们也不能盲目自信。必须承认的是，女子摔跤刚刚成为正式项目，此前并未受到多少外国运动员的关注，尤其是在那些只要成为奥运冠军就能一生衣食无忧的地方。日本只是碰巧拥有坚信女子摔跤会成为奥运会项目的伊调姐妹和父亲就是职业摔跤手的滨口京子，才创造了如此佳绩。将来，身体条件更为出色的外国选手很可能也会拼命追逐这组正式项目的金牌，中国就是其中的领头羊。

本届出场的四位选手年纪尚轻，在北京奥运会上也能大显身手，我希望她们可以死守住两枚金牌。

除了以上两个大项，日本获得的奖牌还包括——

游泳：三金一银四铜；

田径：两金；

体操：一金一银两铜；

花样游泳：两银；

自行车：一银；

射箭：一银；

棒球：一铜；

垒球：一铜；

帆船：一铜；

男子摔跤：两铜。

这么一看，好像日本在各个竞技项目上遍地开花，但和竞赛项目总数相比，又显得寥寥无几。毕竟雅典奥运会角逐的是二十八个大项、三百零一个小项的名次。至于其他项目，日本选手自然也有参加，只不过因为竞技人数不足，没能拿到奖牌罢了。这也难怪，日本运动员中很少有对项目缺乏兴趣、只为奖牌训练的选手。众所周知的是，拿到金牌的日本运动员只能在短时间内成为万众瞩目的对象，很快就会遭到遗忘。虽然政府也发放奖金，但那不足以让运动员一生无忧。这样一来，他们当然会选择自己爱好的项目进行训练，而不是为了奖牌拼死拼活。

中国的情况则截然不同。大多数人宁可选择能出成绩的冷门项目，也不想靠踢足球来吸引女孩子的目光。本届奥运会上，射箭女子团体的决赛就是在韩国与中国之间进行的。从汉城奥运会开始，韩国在这个项目上下了猛劲，如今的成绩遥遥领先。他们举国上下出谋划策，终于找到了在身体素质上占劣势的亚洲人也能得心应手的项目。中国人自然也想到了这一点，一定会为北京奥运会做足准备，本届女子团体的成绩也是绝佳的证明。尽管依靠山本选手的奋斗，日本获得了一枚个人银牌，但下届奥运会要想再出成绩，恐怕难上加难。

棒球、垒球、花样游泳和男子摔跤这些项目是日本的传统强项，雅典奥运会的成绩说明不了什么，到了北京奥运会也不至于一落千丈，应该能保持与本届相当的战果。只不过，我还是希望看到一枚迟来的花样游泳金牌。

田径方面，日本在女子马拉松项目上一马当先已经有很长时间了。至于男子链球，日本代表团的成绩只能归功于伟大的室伏父子。这两个项目还是有看头的，只要没有链球运动员服用新的违禁药物就行。

遗憾的是，其他田径项目没有太多值得关注的地方。很难想象日本选手能像中国的刘翔那样斩获110米跨栏的冠军。不妨说，刘翔也是和室伏选手一样的特例。

游泳和体操是日本奖牌数明显有所增加的两个项目。尤其是游泳项目，日本从洛杉矶奥运会到亚特兰大奥运会只获得了两枚奖牌。在经历了悉尼奥运会的两银两铜后，日本游泳队在本届奥运会上成绩突飞猛进。除了超级巨星北岛以外，其余选手也各显神通。得奖运动员不仅人数众多，平均年龄也很低，似乎足够让我们对他们在下届奥运会的表现予以期待。可是，想超过本届的成绩也绝非易事。体操的情况也是大同小异，曾经身为王者的中国一定会发挥东道主之利，全力以赴加入夺金大战。判断日本队会拿到一枚奖牌恐怕比较理智。

综上所述，我对北京奥运会日本代表团的金牌预期如下：

男女柔道：三枚；

女子摔跤：两枚；

田径：一枚；

棒球：一枚；

游泳：一枚。

以上共计八枚。这个数字看似消极，其实已经是我相当乐观的估计了。

再说一点与奖牌无关的担忧，希望政府之间能有效沟通，争取避免亚洲杯时的状况。那类事件或许并不仅仅是针对足球，也会发生在其他赛场上，使运动员无法正常发挥。

（《书海旅人》二〇〇四年十月号）

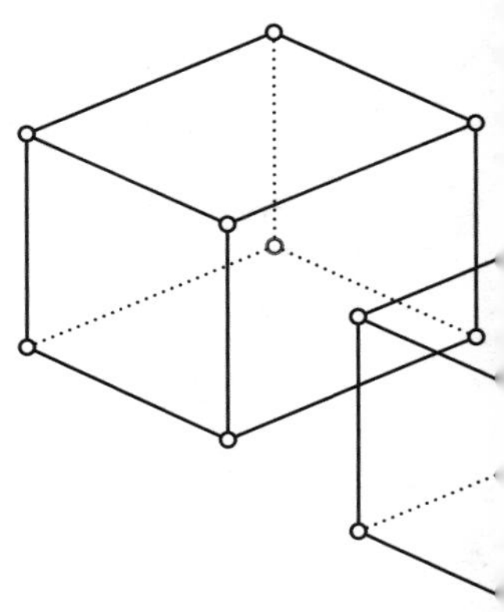

堀内无能？
堀内はへぼなのか？

雅典奥运会落幕后，体育界的话题被棒球一家独占。毕竟日本职业棒球界迎来了史上第一次大罢工，而铃木一朗又即将在大洋彼岸创造惊人的纪录。虽然人气有被足球盖过的势头，但棒球还没到无人问津的地步。

不过，真正受到关注的也只有棒球圈内的一部分消息。常常有人批评日本棒球是依靠巨人队的人气在撑着，可最近巨人队渐渐淡出了人们的视野。虽说前有雅典奥运会抢风头，后有问鼎不成的遗憾，但不断创新低的收视率难免让人心生疑问。

各种原因能列举出不少，但归根结底还是球队缺乏魅力。

赛季开始之前，巨人队就被标榜成史上最强的进攻阵容。的确，在本赛季上，巨人队的本垒打高手不辱使命，这种说法也不算言过其实。

按理说，这会为他们博得可观的人气，可是为什么事与愿违？原因很简单：虽然打出了本垒打，但输了球。一边打出本垒打一边吃败仗的镜头可让人提不起精神，于是观众只好换台，收视率自然就下滑了。

我原本坚信今年的巨人队将拔得头筹，以为他们尽管缺少强劲的投手，也一定能凭借进攻笑到最后。联赛不同于淘汰赛，比的可是硬实力。

可现在已经是九月底了，高居首位的却是中日龙队。到本文刊载时，名次多半已经板上钉钉，而目前的第二名是养乐多燕子队，阵容强大的巨人队只能屈居第三。

在分析原因之前，让我们先来看一下各队的成绩：

中日龙队：75胜52负，得分579，失分530，防御率3.92。

养乐多燕子队：67胜58负，得分581，失分637，防御率4.70。

巨人队：68胜60负，得分713，失分647，防御率4.54。

（截止至二〇〇四年九月二十六日）

从这些数据大致能看出各个队伍的特征。中日龙队依靠的是防守，得分不多也能取胜；巨人队失分不少，但得分更多；养乐多燕子队赢球分差小，输起来很惨。

不过，这还不足以体现他们真正的实力。比如养乐多燕子队的防御率是三支球队中最差的，但考虑到垃圾时间丢的分，结果却未必如此。

下面根据胜场和败场分别列出三支球队的得失分：

	胜场得分	胜场失分	败场得分	败场失分
中日龙队	5.4	2.5	3.3	6.6
养乐多燕子队	6.0	3.1	3.1	7.4
巨人队	7.3	3.4	3.6	6.9

真相渐渐水落石出，首先值得关注的是败场的平均得分。棒球输球的原因主要在于对方的投手表现出色，此时的得分理应更有含金量。

单看这一点的话，三支球队的差距不大。和巨人队相比，中日龙队的进攻阵容普遍不被看好，但依然在输球时斩获了三分以上的成绩。反观巨人队，并没有拿到四分。换而言之，只要对手的投手有上佳的发挥，两支球队在进攻上便难分伯仲。

结论一：中日龙队和巨人队得分能力接近。

我们再来看看三支球队的胜场平均失分。谁也不会在赢球的场次派出候补投手练兵，所以胜场最能考察投手的实力。在这方面，三支球队的表现与他们的名次相符，中日龙队更是只有不到三分的失分。

有趣的是，养乐多燕子队的防御率低于巨人队，但是能在胜负攸关的时刻控制住局面。

巨人队几乎比中日龙队多丢了一分，双方的名次差距想必就是因为这一点了。从前面的结论可知，两队的真实得分能力不相上下，决定胜负的只能是投手。

结论二：在投手真实的实力这方面，中日龙队要遥遥领先于巨人队。

现在我们计算一下三支球队的平均胜场分差和平均败场分差。做一下减法，答案就出来了——

中日龙队：胜2.9，负3.3；

养乐多燕子队：胜2.9，负4.3；

巨人队：胜3.9，负3.3。

显而易见，中日龙队和养乐多燕子队的败场分差都要超过胜场分差，前者的败场分差甚至和巨人队有一拼。

简而言之，巨人队把实力用错了地方——在胜场得了不必要的分数，在败场让投手浪费体力。偶尔一次这样也就罢了，在百余场比赛中留下这样的结果，便让人不得不怀疑问题并非出在球员的能力上。

那么，去年他们也是这样的吗？

以下是巨人队二〇〇三年的数据统计：

71胜66负3平，得分654，失分681，防御率4.43。

我们再从胜场和败场来分析一下。

	胜场得分	胜场失分	败场得分	败场失分
二〇〇三年巨人队	6.0	2.8	3.5	7.4

巨人队在二〇〇三年的败场得分与今年基本持平，意味着他们花费力气强化了进攻阵容，却没有带来什么实际效果。虽然去年的防御率和今年出入不大，但巨人队去年的胜场失分和今年的中日龙队一样，还不到三分，败场的失分和今年的养乐多燕子队差不多，都超过了七分。

去年的巨人队可以用如下数据概括：

胜场得3.2，败场失3.9。

他们显然没有白费力气，但赢的分不多，输的时候也会让主力投手养精蓄锐。没想到去年的败场失分居然比今年多，我做完统计后也感到吃惊。

这些数字说明了什么？仅仅说明了巨人队的投手不如去年吗？情况确实如此，但假如差距真的有那么大，败场失分也应该有增无减才对。今年巨人队的胜场得分倒是多了整整一分有余，败场却大同小异。

可见如今进攻阵容强大的巨人队是在暴殄天物。

结论三：至少和原辰德前教练相比，堀内教练让球员在不该出力的地方出力，在该拼命的地方泄了气。

（《书海旅人》二〇〇四年十一月号）

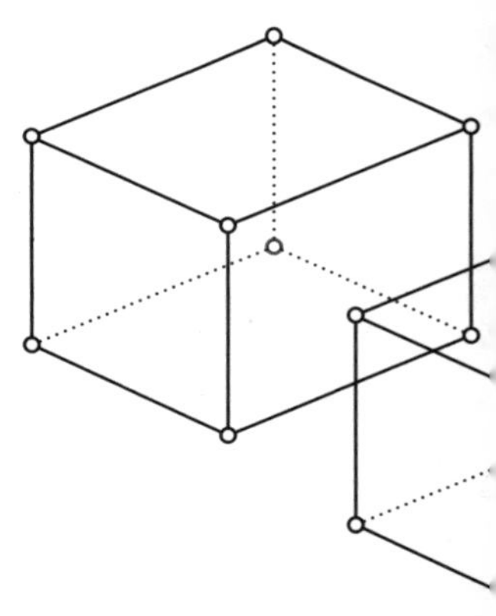

一个建议
ひとつの提案

在此先说一声抱歉，本文将继续讨论棒球。

今年的美国职业棒球大联盟季后赛精彩纷呈，主角非红袜队莫属。在决赛中，红袜队面对老对手洋基队连丢三场，直到第四场的第九局都处于希望渺茫的绝境之中。然而，他们发挥了不屈不挠的精神，上演了连胜四场的大逆转，叫人瞠目结舌。三连败后四连胜的成绩在大联盟尚属首例，纵观全美各大职业体育联赛，这也只是历史上的第三次。顺风顺水的红袜队更是在世界大赛上连下四城横扫红雀队，问鼎全球。因为自家球队终于打破了著名的“贝比·鲁斯魔咒”（**注：指美国职业棒球球员贝比·鲁斯在一九二〇年被红袜队转给洋基队，因此诅咒红袜队无法再拿世界大赛的冠军。自那以后，红袜队直到文中提及的二〇〇四年才再度夺冠**），主场波士顿陷入狂欢，甚至闹出了人命。

日本锦标赛在同一时期也进行得如火如荼。苦战七场之后，西武狮队从中日龙队手中夺下睽违十二年的桂冠，让比赛顺利地落下帷幕。

西武狮队是怎么拿到日本锦标赛资格的呢？这要归功于今年开始的太平洋联盟季后赛制度。经过一百几十场联赛的角逐，大荣队名列第一，西武狮队位居次席，死磕罗德海洋队的日本火腿斗士队排第三。西武狮队于季后赛第一轮迎战日本火腿斗士队，胜出后又和大荣队展开了五战三胜的第二轮比拼，赢得联赛冠军。

该赛制一公布，我便心生疑虑。主办方也许是想模仿美国大联盟备受瞩目的季后赛，可是三支球队在同等条件下拼搏半年后决出高下，却还要再争夺一次冠军，未免让人有点想不通。相信和我抱有同样不满的球迷不在少数。

不过，我这次并不打算声讨这种季后赛赛制，而是想聊一聊它带来的热度。

迄今为止，日本职业棒球界很少采用一轮定输赢的做法，而是执着于反复较量的联赛制。要比出真正的实力差距，这也许是最佳途径。可是，至少像我这样的球迷是不会买账的，我们想看背水一战的决斗。高中棒球联赛之所以让人感动，正是因为每一场都是如此残酷。没有黑马的比赛迟早令人厌倦。

在雅典奥运会上，日本棒球队拿冠军几乎是板上钉钉的事，最后却只获得一枚铜牌。我认为，最主要的原因是教练和运动员都不适应淘汰赛制。假如真的想提升日本棒球的水平，今后我们就该在职业棒球中增加这种赛制。

稍稍转变一下话题吧。今年的职业棒球界可谓动荡不安，一开始引人注目的要数老牌劲旅近畿日本铁道队被欧力士队吞并的事了。普通企业另当别论，可是与球员分别签订合约的球队竟突然宣布解散与合并，真叫人大跌眼镜。尽管事情已经过去，不过在我看来，球员们的罢工决定还是来得太晚。

既然少了一支球队，太平洋联盟明年的运作就变得很困难，合并两大联赛的方案应运而生。可十一支队伍似乎太多了，于是有人暗中策划再解散一个队伍，但事情进行得不顺利。球员工会闹起了罢工，IT企业又愿意重新资助一支球队，让联赛合并一事不了了之。

我坚决反对联赛合并，毕竟如果自己喜欢的球队处在第三、第四名的位置，还勉强让人愿意支持一把。要是成绩再差一点，还有什么看头呢？球员本身的热情恐怕也难以维系。结果可能是失去存在价值的球队一一退场，和以前一样只留下六支队伍来进行唯一的联赛。

太平洋联盟的投资人们打合并联赛的主意，据说是为了和人见人爱的巨人队交手。那样一来，不仅门票会更好卖，电视转播费也会水涨船高。上次我们就提过，巨人队面临严重的人气下滑，可老人家的幻想依旧不改。在决定维持两大联赛的现状之后，他们还是不依不饶，偏要和巨人队打什么交流赛。

不过作为一名球迷，我也认为交流赛自有它的好处，至少能带来新的对抗。当然，新鲜感很快就会过去。不过，假如只有那六张老面孔日复一日地比赛，球迷难免感到腻烦。

话说回来，只靠区区几场交流赛就想力挽狂澜，重新点燃职业棒球的人气，实属天方夜谭。我估计，它的热度最多也是略高过公开赛而已。从日程上看，交流赛也都被安排在联赛名次竞争最激烈的时段之外。

因此，下面我们来探讨重点——日本职业棒球联赛的最佳重组方式。

对上面提到的内容加以整理，会得出如下答案：

季后赛必不可少；

比赛需要新鲜组合；

投资人们想和巨人队较量。

我给出的解决方案是将现有资源重组成三大联赛，每一边都有四支球队。平时由四个队伍决一胜负，中间也会穿插和其余联盟的交流赛。比如一支球队可以和联盟内的每支队伍较量二十八场，再和另外两大联盟的八支球队各打七次，比赛总数正好一百四十场。各联盟内胜率最高的球队获得联赛冠军，可以尽情庆祝，不用像今年的大荣队那样，明明当了领头羊，最后却灰头土脸。

看过美国大联盟的人应该能猜到了，三大冠军将和剩下球队里胜率最高的那支外卡队一同角逐季后赛，我们可以将它称为日本锦标赛。

当然，最大的障碍是联盟球队分配，毕竟所有人都想和巨人队分到一起。对球迷来说，区区四队也容易看腻。

因此，我们可以采用轮换制的方式，把除冠军以外的三支球队在下一年全部换掉。假设某赛季的组合如下（新球队的名称尚不得知，故称为新队）：

	第一	第二	第三	第四
A联盟：	中日龙队	阪神队	养乐多燕子队	横滨队
B联盟：	西武狮队	巨人队	罗德海洋队	日本火腿斗士队
C联盟：	大荣队	广岛队	欧力士队	新队

下个赛季的组合就会变成：

	第一	第二	第三	第四
A联盟：	中日龙队	广岛队	欧力士队	新队
B联盟：	西武狮队	阪神队	养乐多燕子队	横滨队
C联盟：	大荣队	巨人队	罗德海洋队	日本火腿斗士队

未能夺冠的球队在下个赛季将和大多数老冤家再续前缘，万一三支弱旅被分到一起，便有可能长年不得翻身。和巨人队同组也别高兴得太早，毕竟假如巨人队夺冠，一年后就要和他们分道扬镳了。至于那些不让巨人队夺冠、自己也拿不了第一的心机球队，等待他们的只有无缘季后赛的结果。

至于给球员的个人荣誉，也可以在三大联盟里分别颁发。每年都有三位最佳击球员和本垒打手，看起来不是挺繁荣的吗？

全明星赛可以采用A对B、B对C、C对A的形式，不断洗牌的阵容也能给人以新鲜感。

这似乎是一个无可挑剔的好主意，不知道有没有被拿来讨论过。既然连我这个外行都能想到，没准早就有人提过了。会反对的恐怕只有除了巨人队之外的五支中央联盟既得利益球队吧？

（《书海旅人》二〇〇四年十二月号）

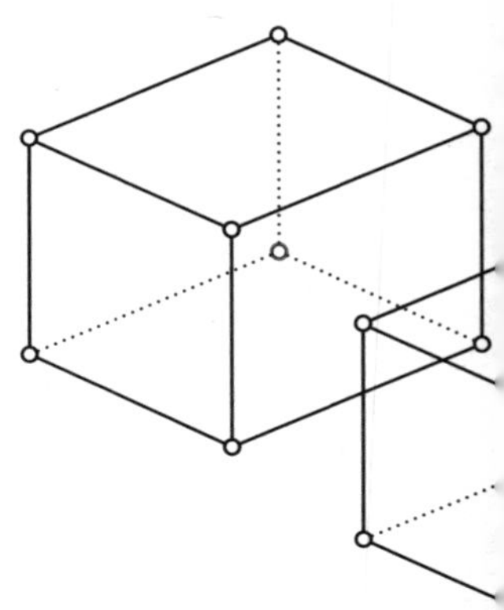

灾难中的排头兵

中越地震（**注:指发生于二〇〇四年十月的地震，震中位于日本新潟县中越地区**）过去快两个月了，从新闻报道来看，灾区重建工作任重道远。或许灾民们刚刚才摆脱了余震带来的恐惧，等待他们的又会是对巨大损失的哀痛。

这一切难免让人想起阪神大地震。阪神大地震的死伤人数远远超过最近的这次震灾，但我丝毫不想评判两者带来的伤害孰重孰轻，因为灾民承受的痛苦是相等的。

不过，阪神大地震仍然为我们提供了宝贵的经验。虽然政府采取行动依旧慢吞吞的，但相比那时还是进步不少。东京消防救助机动部队也从废墟中奇迹般救出了被埋母子中的孩子，而那支队伍正是基于阪神大地震的惨痛教训组建起来的。

至于政客们的表演，只能用“眼疾手快”来形容。小泉首相原本计划在东京观看电影，得知地震的消息后立刻取消行程，返回了官邸。这是理所当然的应对方式，可当年的村山富市首相又是怎么做的呢？比起震灾，更让他头疼的是社会党的内讧。直到死亡人数超过两百人，他才终于意识到问题的严重性。地震过去六小时后，首相还在开会研究怎样安抚那些想退党的家伙。更叫人大跌眼镜的是，在不久前的“爱媛丸事件”中，一群日本高中生因美方的过失而意外丧命，当时森首相却在打高尔夫球，还在为自己的十八洞过了标准杆欢呼雀跃，最后又泡了澡，才总算回到首相官邸。说真的，这甚至无法用危机管理能力不足来解释了。和前人相比，本届首相至少还做得中规中矩。不过，虽然没有看电影，但他还是等到首映仪式结束后才离开。在他看来，这或许是一个微不足道的细节，可他不明白国民在乎的就是这些吗？真是漏洞百出。

这次对地震反应最为迅速的要数志愿者。面对瘫痪的交通，几乎是在设置避难所的那一刻，第一批志愿者便及时赶到现场。阪神大地震后，人们的灾害互助意识也有了显著的提升。

对那些在避难所里瑟瑟发抖的灾民来说，一碗来自志愿者的热汤可谓是雪中送炭。灾区重建需要人手，无私奉献的好心人叫人肃然起敬。

然而，形形色色的志愿者中难免混进害群之马——有来吃白食的，也有去超市趁火打劫的，甚至还有通缉犯。抗震救灾的志愿者形象已经深入人心，越来越多居心叵测之徒利用这一点，叫人不胜其烦。

当然，大多数志愿者都是好人，配得上大家的称赞。

生命线与交通网正在慢慢恢复，一部分地区已经开始重建住宅，临时店铺也有人打理起来。

可是，今后要面对的问题才是重点。地震似乎已经过去，灾难却远远不止于此。就像阪神大地震那样，对灾民来说，重建家园才是最辛苦的事。

倒塌的房屋不会自动恢复原样，重启生意需要门面，生产要有工厂和机器，就连务农都离不开科技的力量。

眼下他们最缺的是什么？答案非常明确：钱。资金才是重建灾区的基础。

每到这种时候，政府就不肯干脆利落地掏腰包。他们会为不痛不痒的事一掷千金，却偏偏在替百姓解忧这件事上精打细算，实在令人费解。比如，县政府发放的住宅修缮补贴在审批程序上异常严格。虽然补贴标准分为全毁、大规模损毁、严重损毁和部分损毁四档，但房子只要还剩一点地方没塌，就不可能被归为全毁。哪怕东倒西歪，只要留有房顶，最多算作严重损毁。根据官方公布的数据，有两千五百栋房屋全毁，四千八百栋房屋严重损毁。可据我了解，以上数字严重缩水。

此时政府应该用纳税人的钱大大方方地为他们造起新家，而不是像这样斤斤计较。

不过，县政府至少还发放了一点补贴，反观中央政府，只会修补公路和堤坝等公共设施，对个人住宅的损毁则漠不关心。

既然日本政府靠不住，民众只好各出其力，募集捐款。仔细想想，地震捐款成为司空见惯的名词，似乎也是在阪神大地震之后。

由于互联网的普及，如今只要轻点鼠标就能发起捐款，红十字会的募捐也广为人知。

然而，正如混进志愿者群体的不良分子一样，部分贼眉鼠眼的家伙也在打这部分善款的主意。

果然，网上出现了假捐款站点，一批谎称募捐的诈骗分子怂恿好心人将钱汇进自己的账户。除此之外，电话诈骗活动也打着中越地震灾民的幌子，越发猖獗。歹徒冒充受害人的子孙，以受灾为由骗取老人家的钱。

我不免感叹，大灾难发生后最先做出反应的既不是政府也不是志愿者，反而是那些诈骗犯。在他们看来，无论多么严重的惨剧都能成为大发横财的机会。

前些天我走在街上，看见几个年轻人正在募捐。小小的捐款箱上贴着灾区的照片，写着“请帮助我们重建中越地震灾区”。

见我路过，一名戴眼镜、相貌正经的青年走上前来，希望我多少资助一些。当我请他出示证件时，年轻人犹豫不决地掏出一张状似学生证的东西。于是，我摇头说道：

“我想要证据，能证明你们募捐的钱一定会用到灾民的身上。”

青年感觉自己遭受了怀疑，自然露出不快的神情，从我的身边走开了。

或许青年的自尊心受到了伤害，但我希望他能理解我的苦衷。当今世道，突然被路边的一个陌生人要求捐款，要做到心里不产生怀疑又谈何容易。

后来，我走进不远处的一家咖啡馆，悄悄地观察他们。整整一个小时里，向捐款箱中投钱的不过区区十来个人，投的似乎还都是硬币。

几名年轻人花了一个小时，只募集到一千日元的善款……还不如用这点时间去打工，再把钱汇给灾区。当然，这也许只是我在多管闲事罢了。

（《书海旅人》二〇〇五年一月号）

责任与义务
誰が悪く、誰に対する義務か

有些人可能听说过，我酷爱单板滑雪。年轻时我曾玩了十年的滑雪，后来就再也提不起兴趣，也不怎么关注雪山和滑雪场的情况了。不过随着冬天的临近，最近（二〇〇四十二月）我又开始无比在意滑雪场的气候了。不过考虑到前不久的中越地震，我也不好意思大声祈祷早点下大雪，毕竟我常去的滑雪场主要集中在新潟县。

话说回来，新潟县的观光业和滑雪场的收益对灾区重建大有帮助，冬季少雪也不值得高兴。因此，我还是可以小声祈祷快点下雪。

可别说新潟县了，现在就连信州和北海道都没有降雪。北海道的滑雪场直到十二月才陆续开放，这在从前是难以想象的。我常去群马县水上町滑雪，可明明已经是十二月月底，那里却几乎看不到积雪。而在两年前的同一时期，就算是海拔较低的地区，积雪量都超过一米。

今年夏天的高温天气也创下纪录，看来地球真的越来越热了。

二〇〇三年夏天，瑞士的气温曾达到41.5摄氏度，令人瞠目结舌。法国有一万五千人因为酷暑死亡，其中大多数是老人。牛津大学等研究团队的研究显示，几乎可以肯定异常炎热的天气是源于二氧化碳造成的全球变暖现象。通过模拟实验，研究人员比较了全球气候在人为增加二氧化碳的情况下和地球自然状态之下的不同演变，得出了上述结论。据说按现在的势头发展下去，几十年后同样的酷暑天气将成为家常便饭。

既然夏天这么热，冬天自然也冷不到哪里去。联合国环境规划署和苏黎世大学的研究团队表示，如果全球持续变暖，在未来的三十年到五十年之间，所有海拔低于一千五百米的滑雪场将因雪量不足而关闭。

这可不是闹着玩的，到时候我只能搬去北海道吗？不，问题不在这里，到那时滑不滑雪已经无关紧要了。

全球变暖加剧大致还会招致下列恶果：

北极和南极的冰块融化，导致海平面上升，一部分地区面临被淹没的危机；

沙漠化日趋严重；

疟疾等热带疾病蔓延到温带地区；

雨水多的地区会频发洪水、泥石流等灾害。

或许很多人不会把第一个问题放在心上，他们认为两极的冰块融化不会对广袤无边的海洋造成大的影响。可我们要计算的不仅是冰融化后的水量，还包括温度上升造成的海水膨胀。按照目前的推算，到二十世纪末为止，海平面将上升大约六十五厘米。

假如有人觉得这点变化无所谓，那就大错特错了。位于南太平洋的瑙鲁、瓦努阿图、萨摩亚等众多岛国都建立在珊瑚礁上，海拔不过几米。假如海平面上升六十五厘米，这些国家将丧失大部分的领土。

事不关己的念头可要不得，毕竟导致全球变暖的罪魁祸首就是发达国家。为了负起责任，日本也将以各种形式支援那些面临淹没威胁的小国。所谓的援助，用的当然是来自纳税人的钱。知道自己的钱要被花出去，你还觉得与自己无关吗?

第二个问题同样严峻。原本负责吸收二氧化碳的森林遭到滥砍滥伐，不仅加速了全球变暖的过程，也令失去树木的土地迅速沙漠化。沙漠化的速度已经达到每年六百万公顷，相当于约一百三十万座东京巨蛋体育馆，使人闻之色变。

第三个问题也初露端倪。二〇〇一年，日本关西机场内就有致倦库蚊繁殖。它们原本只栖息在热带和亚热带地区，通过飞机入境日本。我们不得不认为，关西机场的气候环境已经变得与它们的栖息地相似。同样在热带和亚热带繁殖的疟蚊则是疟疾的传播者，很快便具备传播所需的气候条件。

第四个问题已经给很多人造成困扰，比如日本今年的降雨量就创下新高，还接二连三地面对台风登陆，让人不禁担心整个列岛都要被水冲走了。

全球变暖的确骇人听闻，普罗大众也开始感到不安。二〇〇四年十月份，读卖新闻做了问卷调查，结果显示六成人对这一现象表示担忧。

值得注意的是，在这六成人中，绝大多数人的年龄在三十岁以上，说明年纪越轻的人越不关心此事。另外，很多年轻人也反对征收环境税。在询问是否留意环保话题的问卷中，回答“留意”的人里，二十至三十岁的男青年占最少比例。

我们不能就此武断地认为年轻人只顾自己，他们原本就对全球变暖体验不深。我们这些中年人都经历过冻彻骨髓的冬季，他们却很少有类似的回忆，从小便生长在暖冬之中。日本气象厅在二〇〇〇年更改了暖冬的标准，就是最好的证明。毕竟按照原本的标准，如今每年都是暖冬（根据新标准，今年仍然是暖冬，不过放在过去就是大暖冬了）。

年轻人既然早已习惯了这种气候，又怎么可能对全球变暖忧心忡忡？

既可悲又可怕的是，全球变暖改变了人类的常识，首当其冲的便是我们对气候的敏感。

真正吃苦头的会是谁？我们这群中年人多少会受到影响，但持续时间不会太长。只要体力允许，我每年都可以在日本国内滑雪。可是那些二十多岁的年轻人呢？当他们成了老爷爷的时候，日本还有滑雪场吗？

阻止全球变暖恶化是我们对年轻人、孩子以及今后出生的下一代的义务，因为这一切的责任不在于他们。

当然，我们需要他们的帮助。可是面对一个不把汽油当回事、满世界骑着摩托车乱跑的年轻人，我们又该怎么宣传环保呢？

“还不是你们当年浪费石油和煤炭惹的祸吗？你们倒是挥霍了一番，现在却想限制我们的自由，这是什么道理？管他什么环保税，让那些老东西去缴吧！”

那时，我们岂不是无言以对？

（《书海旅人》二〇〇五年二月号）

我在本专栏上期抱怨道："我只想滑个雪，怎么就是不下雪呢？可恶！所以说全球在变暖啊，再不想点办法，全人类都要完了！"没想到最近（二〇〇五年二月初）就出现连日暴雪，各地深受其害。高知县迎来十八年一遇的积雪，这么说也没什么概念，但是听到路面过滑导致三十七辆汽车追尾相撞后，不禁感叹下雪还是悠着点比较好。尤其是中越地震灾区的灾民，面对的处境实在让人同情。不过，这几场暴雪多半不是老天爷听了我的抱怨后才下的，请高抬贵手，不要来信抗议了。

话说回来，天气真是让人捉摸不透，就连日本气象厅都料不到大雪会一场接一场地下。可这不能证明地球没有在变暖，因为整个过程要经历很长的时间，仅凭一时的天气波动就给全球的气候变化下结论，未免过于草率。而且，一连串的大雪说不定就是全球变暖的信号。

目前，人类尚不能以数字完整地描述地球的气候变化。众所周知，地球表面的大部分区域为水所覆盖，但我们连水的流动都无法精确地数值化。毕竟谁要是解决了这一难题，就能获得多达一亿日元的奖金。

人类还真是干了一件了不得的大事，通过排放非活性气体和二氧化碳改变了地球原本的气候发展轨迹。即便今后控制排放量，结果也是不可逆转的。

在别的领域，人类也犯下了相同的错误。

从今年六月起，日本特定外来生物防疫法将会生效，该法律禁止任意携带外国生物入境或饲养它们。眼下日本约有两千种外来生物，环境因此遭受破坏，政府终于做出迟来的应对。

外来物种入侵的渠道多种多样。通过发达的交通，植物种子会附着在物品和人体上入境，甚至连老鼠都能混进行李箱。虽然这类情况防不胜防，但更叫人伤脑筋的还是故意携带外来生物入境的情况。当事人甚至从未想过那些动植物会对原本的自然生态造成多大的影响，就直接弃之荒野。

一个经典案例是，有人为了消灭波布蛇，向自然界投放了眼镜蛇的天敌——狐獴。结果波布蛇平安无事，特殊自然纪念物——琉球兔反倒遭了殃。原因是波布蛇在夜间出没，而狐獴是昼行性动物，真叫人哭笑不得。

同样的情况比比皆是。冲绳人为了灭孑孓，放养了北美食蚊鱼。北美食蚊鱼或许会吞噬孑孓，却也不放过青鳉。而在岛根县的冲之岛上，当地居民放养了欧洲家兔以便今后食用。可是当衣食无忧的人们不再捕猎之后，恣意繁殖的家兔便吃掉了大量的大水薙鸟。在此说明一下，大水薙鸟的筑巢地是国家指定的自然纪念物。

上面提到的例子看似愚不可及，却多少还有为之辩护的理由。比如在那个年代，大家只顾着解决眼前的麻烦，对生态循环既无概念也无暇细想。

真正令人愤怒的是，有人只为一己私欲便将外来物种投放到自然界，而且这种现象屡禁不止。

浣熊在动画片里是一种可爱的动物，可现实中却不像拉斯卡尔（**注:动画片《小浣熊》中的角色**）一样乖巧懂事，实际养起来一定不轻松。偏偏现在宠物商店大量引进这种动物，考虑到日本的居住环境，无疑会有越来越多的主人抛弃小浣熊。他们当然不能在市区里那么做，只好跑到森林里遗弃。无依无靠的浣熊为了活下去不得不四处觅食，当回野生动物。它们拥有强大的生存能力，本土的动物和农作物便会遭受灭顶之灾。

刚刚说宠物的主人不会在市区里丢弃浣熊，但一部分宠物确实被活生生地抛在了大街上。听说府中市就有一只身长达到一米的美洲鬣蜥在居民区转悠，八王子市也出现过咬人不含糊的美洲拟鳄龟，万一小孩子碰上了，后果不堪设想。

只因觉得好玩就不负责任地放生掉，其中的动物代表要属黑鲈了。第一批黑鲈于二十世纪二十年代被投入神奈川县的芦之湖。后来，钓到黑鲈的人又把它们扔进别的湖里，凭借旺盛的繁殖力，黑鲈如今已遍及日本。

琵琶湖的著名特产——鲋寿司算得上这件事的苦主。鲋寿司闻起来臭却吃着香，用到的食材——似五郎鲋却成了黑鲈的盘中餐，相关行业人士也为此伤透脑筋。由于黑鲈会捕食鲫属鱼类，想必日本各地的本土鱼类中都有类似的黑鲈受害者吧。

我经过调查才得知，原来日本有许多独具特色的本土物种。据说有两成哺乳类动物都属于独有物种，这个数字在两栖类动物中更是达到七成，令人惊叹。环境也许是主要原因，但同样身为岛国的英国几乎没有哺乳类和两栖类的独有物种。想不到日本的动植物资源如此丰富。

然而，这一优势正在被国民逐步瓦解。与地球气候变化一样，生态系统一旦遭到人为破坏，便难以复原。

从二〇〇〇年起，日本环境厅计划消灭奄美大岛的一万只狐獴，却收效甚微。全球的有识之士普遍认为，要阻止外来物种入侵生态系统，最好的办法就是预防。一旦引狼入室，想彻底消灭又谈何容易。因此，这也是一种不可逆的破坏。

于是，政府在无奈之下实施了前面提到的特定外来生物防疫法。叫人瞠目结舌的是，社会上居然有一些人反对这个法律，原来是垂钓团体在呼吁放过黑鲈。他们的理由是，那样做会对垂钓活动以及相关行业造成不良影响。且不说垂钓活动，相关行业遭受的损失在所难免。一旦黑鲈被裁定为法律驱逐的对象，整个垂钓界给人的印象也将大打折扣。可想而知，相关产业必然要经历一番风雨。

对与垂钓无缘的我来说，爱好者理应为当初引进黑鲈的行为负责，给人留下坏印象也是咎由自取。与此同时，我也开始朝另一个方向思考：就像垂钓团体这样，或许在一部分人看来，维护生态系统远远不如守住自己的饭碗来得重要。

从整个地球的角度出发，生态系统必定包含了人类。既然如此，人类这一动物的行为也可以算作自然现象。假如人类为了满足私欲，全然不顾原有的生态系统，肆意投放动植物，最终会导致越来越多的物种灭绝，各地物种之间的差异便会遭到消除。到那时，全世界都是同样的动植物，动植物的比例配置也相差不大。如果最后变成了这样，而大多数人还是觉得无所谓，我们也只能举手投降了吧。

想到不久后青蛙和青鳉都将从世上消失，我便悲从中来。不过，莫要哀叹。或许人类从支配这颗星球的那一刻起，就走上了一条命中注定的不归路。

（《书海旅人》二〇〇五年三月号）

是谁游离于网外？
ネットから外れているのは誰か

自信是一件好事，各行各业的人也希望自己在工作上能做到信心满满。

与此同时，我们也不能丧失客观的判断力，应该时常思考自己的信心究竟站不站得住脚。特别是当我们的工作与他人的生活息息相关时，更要学会从不同角度理性地看待问题。

毫无疑问，日本依旧拥有大批优秀的技术人员，但是他们的自信真的百分之百靠得住吗？他们只是误以为自己的技术高人一等且无法复制吧。果真如此，他们也未免骄傲过头了。万一栽了跟头，造成难以挽回的损失，他们又该向谁叫屈呢？

市面上出现了五百日元的伪造硬币，乍看之下能以假乱真，就连邮局的ATM机都找不出破绽，乖乖地兑换成钞票。

从刚投放市场开始，五百日元硬币就不断面临假币的威胁，毕竟它的面额之高在全世界前所未有，硬币又比纸币的造假难度要低得多。

自动售货机和ATM机识别硬币一般只参考两点:形状大小与重量。犯罪分子利用市面上买得到的设备，能轻而易举地仿造硬币的形状。至于重量问题，只要凑齐材料的成分也照样可以攻克。

据说，最近的五百日元假币连金属成分都和真硬币一模一样。真硬币的成分和比例在造币局的官网上就能查到，某档电视节目的嘉宾还点名批评过这种做法。然而，只要有相关机械设备，金属成分可以轻而易举地分析出来，官网是否公开都无关紧要。

要制造出无法被仿制的硬币多半是不可能的，那些设计五百日元硬币的技术人员想必也心知肚明。可他们或许有过侥幸心理，认为犯罪分子不会支付接近甚至超过面额的材料成本，去制造一枚假硬币。

现实却事与愿违，犯罪者们制造假币，必然是因为他们知道一枚硬币的成本远远小于面额，五百日元硬币的技术价值终究也不过如此。

同样，生产验钞设备的技术人员也过于自信了，否则就是在明知机器可能判断不出假硬币的情况下，将不成熟的技术投放市场，这已经是一种犯罪行为了。

技术人员的盲目自信为犯罪提供温床的例子还不止这一个。从去年到今年，银行汇款诈骗案件剧增，还出现了能让手机显示虚假电话号码的技术。案件发生后，手机运营商矢口否认上述事件发生的可能性。可没过多久人们就发现，只要用上美国电话公司的回叫服务，用户便能自定义显示的号码。具体做法如下：先购买回叫服务，任意设置一个来电显示号码，比如报警电话。接着打电话给回叫服务公司，响铃一声后立刻挂机。公司将立刻回电，这时只要按下诈骗对象的号码，公司就会拨打出去，让犯罪分子与诈骗对象通话，而来电显示号码就变成了报警电话。就算对诈骗有所防范，受害人也会以为是警察来电。接下来的步骤就驾轻就熟了，犯罪分子会冒充警察骗取汇款。

这可不能怪受害人大意，因为他们相信手机运营商宣称的精准来电显示服务。在犯罪手段大白于天下之后，手机运营商声明自家号码之间不会出现这种状况，其他公司的号码则无法保证，所以万一接到可疑电话，用户应该挂断重拨。简而言之，来电显示根本靠不住。

谴责完技术人员的傲慢，我们也不能忘记那些明知技术存在障碍还要对用户刻意隐瞒的企业。比如，借记卡和信用卡的伪造技术在二十多年前就已经出现。可是，银行和信用卡公司从未积极公开信息。可想而知，用户误以为只要自己的卡不被偷走就是安全的，对信用卡信息会被盗取这一点闻所未闻。假如他们从一开始就知道伪造信用卡很简单，密码才是唯一的保障，很多人恐怕也不会申请服务了。

技术人员开发出新产品令人雀跃，企业自然想大力宣传新产品或新技术的优点，掩饰不足之处。他们的心情固然可以理解，但技术缺陷一旦与犯罪有关，刻意隐瞒也要负法律责任。

企业一贯的借口是他们没想到漏洞会被坏人利用，可是如今高科技犯罪层出不穷，在提供新产品和新技术时，也有义务确保不法分子没有可乘之机。试问，预付费手机（**注：日本一种用预付费卡充值消费的临时专用手机，最初上市时不需要提交身份证明就能申请**）会被用于犯罪难道不是明摆着的事吗？

可实际情况是我们不能对企业要求过高，只能寄希望于警方。

前不久警视厅的人来找我，说想在内部报刊上刊登一篇访谈。在采访过程中被问及对警方的建议，我给出的答复是希望新科技亮相时，警方能先于不法分子想到由此而生的犯罪手段。

对方表示不太容易，因为他们很难顾及新科技的方方面面。

我也明白这样的要求相当苛刻，但是犯罪分子在挖空心思构想新的诡计，只要有一个人做到，信息刹那之间就会在互联网上传播开来。

警方不能总是对高科技犯罪后知后觉，偶尔也该比那些整天想着投机取巧的犯罪者领先一步，做到防患于未然。

不过，要实现这一点难比登天，毕竟警方对回叫服务都不甚了解。偏偏坏人早已了如指掌，于是发觉能用于犯罪。

面对未来的高科技犯罪，警方或许是最难以做出预测的一方，谁让他们如此远离科技资讯呢？

（《书海旅人》二〇〇五年四月号）

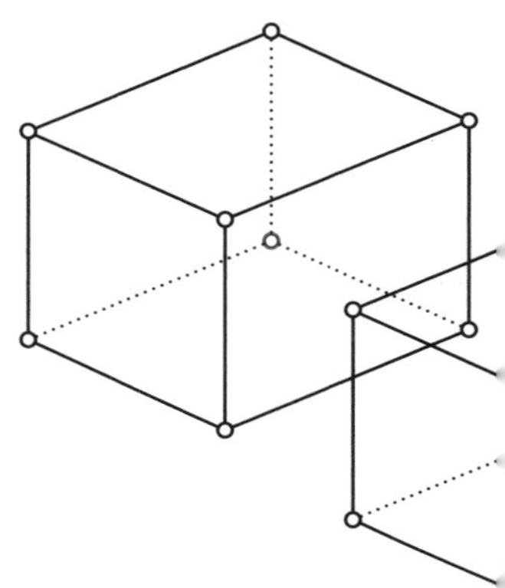

老生常谈
今さらですが

之所以给这篇文章起这种标题，是因为我想和大家聊聊血型这个过气的话题。其实我早有此意，却总是难以启齿，才一直拖到今天。那为什么这次会提起呢？只能怪依然有那么多人相信所谓的血型性格诊断，东野也只得勉为其难不吐不快了。

根据读卖新闻的调查，“相信血型影响性格”的人占17%，“只是当作成年人休闲话题”的占47%，“拒绝伪科学”的占23%。

这一结论令我大吃一惊，难道相信血型性格判断的人真的不到20%吗？那么，在我身边频繁被提及的又是什么？大家只是在聊成年人的休闲话题吗？既然只是为了休闲，当我否定血液和性格的关系时，他们又为何要生气呢？

这份问卷调查是今年二月进行的。早在去年秋天，由NHK和商业媒体共同设立的第三方机构——“媒体伦理与节目质量促进组织”就曾对不断泛滥的血型性格诊断节目敲响警钟，理由是草率的结论将导致歧视与误解。

我对这样的节目也略有所知。每次看到一半，我都会对节目一贯的伎俩忍无可忍，因而换台。“一贯的伎俩”指的是依据过去的血型性格诊断结果，列出牵强附会的数据，再来一场与科学不搭界的实验。

他们常常按血型将孩子们分成不同的小组，让他们做同一件事情，然后观察各自行为的差异。我实在无法理解，这种做法如何能被贴上科学客观的标签？而且节目组作为实验的执行方，又怎么可能公正地公布与内容宗旨相违背的结果？

当然，和我持同样疑问的人也不在少数，这才有了上述的“媒体伦理与节目质量促进组织”提出的警告。警告曾一度成为热点新闻，或许也对问卷调查的结果产生了影响。这意味着答题者在回答时可能顾忌舆论风气，从而刻意否认自己相信血型性格诊断的事实。

也许有人会觉得我过于小心眼了。可是，所谓的血型性格诊断风潮每过十来年就会卷土重来，尤其以上世纪八十年代为甚，当时出版的相关书籍可谓是汗牛充栋。学者们苦口婆心地说明该观点缺乏科学根据后，热潮才算平息下来。可没过多久，报纸杂志又让它死灰复燃了。

一九八五年，美国杂志《新闻周刊》刊登过一篇讽刺日本血型热潮的文章，题为《日本发现人类性格的新分类方法》，介绍了日本人凭借毫无科学根据的参考标准来选择恋爱对象与企业员工。

记得新闻上曾说，国内某知名电器生产商指定研发部门的工作人员必须是AB型血，想必是领导相信AB型血的人更擅长创新吧。看来就算掌管着电器公司的命运，老板们也未必个个精通科学。

那时还流行用血型给职业运动员分类，看他们适合哪种项目。

之所以不能相信这些数据，是因为它们的前提站不住脚。检验天赋与血型的关系无可厚非，但我们不妨看一下当年的统计人员是如何定义天赋的：

相扑天赋=横纲或大关（**注：日本相扑最高的两个等级**）。

棒球击球员天赋=排名第一的击球员、本垒打之王、得分王。

棒球投手天赋=胜场最多，得到过防守方面的荣誉头衔。

他们根据这些定义，查阅了历代横纲和大关的血型，认定A型血的人适合当相扑运动员。

只要稍微有相扑和棒球方面的常识，就会明白这种结论纯属无稽之谈。缺少天赋的选手确实难以成为横纲、大关，或是最佳击球员、投手。可是，未能实现宏愿的运动员就该被当作没有天赋吗？比如西雅图水手队的铃木一朗在日本一直都是排名第一的击球员，天赋毋庸置疑。可要是把当时排名第二的选手说成欠缺天赋，岂不让人笑掉大牙？

以胜败论英雄毫无意义，这个道理在职场也是一样。一旦找出画家和音乐家在血型上的一点点倾向，就武断地给某种血型贴上适合当艺术家的标签，这样根本说不通。选择职业的原因千差万别，并非每个人都是因为适合才去做的。

以上观点在历次血型热潮中都被人提及过，却阻止不了潮流的盛行，其中的缘由多半在于人际关系的复杂性。当我们难以理解他人的想法时，自然而然就想寻找浅显的解释。

不断复返的血型热潮已然深入我们的潜意识，即便是那些宣称不相信的人，也会在不知不觉中依照血型给他人扣帽子。

日本文教大学的教授曾做过一个实验，让学生阅读某个虚构人物的传记，并写出对该人物的印象。不过，教授准备了两份问卷，在人物的血型栏中分别填上了A型和AB型。

约三百名宣称不相信血型性格诊断的学生接受了这个测试。尽管他们阅读的是同一份人物传记，拿到“A型”问卷的学生却比“AB型”问卷的学生更倾向于回答“冷静、认真、谨慎”。

由此可知，人们虽然嘴上不承认，但内心早已受到通俗文化的影响。

连反对者都会这样，要改变那些血型信徒根深蒂固的观念又谈何容易，我的姐姐便是一个例子。有一天，我问她：

“你是O型血，姐夫是AB型，所以你们的孩子不是A型就是B型，性格肯定和父母不一样。你不觉得这种结论很奇怪吗？”

姐姐却在电话那头大叫：

“难怪我最近越来越不懂孩子们在想什么，原来是因为这个！”

唉，真是弄巧成拙了。

（《书海旅人》二〇〇五年五月号）

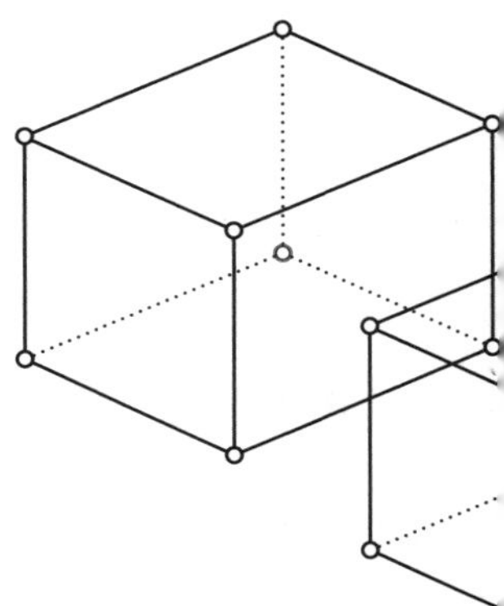

两种规范
二つのマニュアル

位于尼崎市的日本铁路福知山线发生了一起严重的脱轨事故，截至我撰写本文时，事故罹难者已经逾百。考虑到失踪人数，今后这个数字或许还将上升。看着遗骸被搁置在体育馆的画面，不禁想起十年前的阪神大地震。当时我也像现在一样，担心在死亡名单中看见熟人。和那一次不同的是，这起事故很可能是重大操作过失导致的人祸。

不过，既然结论尚未出炉，我也不能对事故责任妄加推断。我们不妨来看一下近期发生的另一起事故，两者之间看似无关，但背后隐藏的人为失误大同小异。

想必很多人已从新闻中得知，东京台场某游乐园有一名男性游客从游乐设施上跌落，一命呜呼。

游乐园提供的是一种体验类似跳伞的惊险项目，游客会坐在系有登山背带和安全带的椅子上，感受上下颠簸带来的恐惧。

在事故中丧命的游客患有腿部残疾，似乎还因为肥胖而系不上安全带。于是工作人员只让他绑上登山背带就开动了机器，以为这样也有安全保障，最终造成该男子从五米的高度坠落，不治而亡。

根据调查结果，男子绑不上安全带与肥胖无关，纯粹是由于坐姿不正。因此，对他来说，适合肥胖人士的登山背带过于宽松，身体便从空隙里滑了出去。不过，重点在于工作人员为何会允许游客不系安全带。

在运营商举办的记者招待会上，他们给出了一个俗套的理由——工作人员掌握着两套操作规范，一套来自总公司，另一套用于现场。

总公司的规范限制了无法穿戴安全带和身体不便的游客游玩该项目，但在工作现场，假如游客坚持要玩，工作人员就会请示负责人。事实上，他们已经多次允许这类游客不系安全带，也没出过什么岔子。

总公司自然坚称不知道存在着第二套规范，看来是想把责任全部推给现场的工作人员。

在日本这个国家，表里不一的操作规范司空见惯，最叫人触目惊心的大概要数东海村核燃料加工企业引发的临界事故了。

作为一种高危物质，核燃料的制作工序中存在诸多标准，材料使用量、制造顺序、制造容器与机械都有严格的规定。假如所有人都按照规章办事，事故便绝无可能发生。

然而，现场的工作人员却一再违反规范事项。首先，溶解铀粉时要用到的正规容器被替换成了水桶，理由是那样更方便。又因为按照规定用量生产的效率太差，工作人员每次都会搅拌大量的铀溶液进去。他们还嫌设备不方便操作，把它换成了原本用途不同的机器。积重难返之下，临界事故终于爆发，损失无法挽回。

工作人员为何要违规操作？偷懒固然是一方面，但最大的原因恐怕是他们根本就不相信原来的操作规范。

我也曾从事生产线上的工作，知道机械理应有各种安全保险装置。比如一旦产品在生产线上卡住，防护罩被操作员打开，机器就会立刻停止运转。可是，这种保障措施让忙碌的工作人员烦不胜烦。不仅重启机器过程复杂，生产效率也打了折扣。于是，他们故意使安全保险装置失灵，再透过空隙把手伸进运转的机器里，拿走被卡住的产品。重复多次之后，这种做法成了家常便饭，最后化身为新的操作规范。

他们不想遵守“对生产现场一无所知的人”设计的规范，认为它们只是应付国家标准的产物，就连设计者本人也不相信会有人照着办。

生产必然追求高效，一旦效率被操作规范拖慢，人就会情不自禁地将规矩视为面子工程，开始投机取巧，生产现场的经验也给了他们轻视规矩的资本。

偏偏制定者也仗着规范符合国家标准，高高在上地要求现场工作人员唯命是从，将自己的责任撇得一干二净。

其实，只有不断监督规章是否得到落实才能防患于未然，许多事故就是因为少了这一步才会发生。核燃料事故、游乐设施的坠落事故和尼崎市脱轨事故，或许有着同样的成因。

我对监督不作为也感到不解，怀疑那是蓄意为之。

也就是说，正如现场工作人员猜想的那样，设计者明知规定不会有人遵守，检查也是徒然降低效率，便睁一只眼闭一只眼。

万一真的是那样，政府就算把安全标准制定得再严格，也是白费工夫。设计规范的人可以遵循政府标准，也会要求现场人员执行，但后者真的肯乖乖听话吗？

严格的操作规范势必令工作人员感到束手束脚，也让程序变得琐碎复杂，影响效率在所难免。

为此，他们一定会弄出一套内部标准，于是事故又会发生。无论政府怎样一板一眼地执行，都只能让两套标准更加背道而驰。

想突破困境只有一个办法——将安全生产和薪水挂钩。尽管制定评判方法可能要费一番脑筋，但为了减少事故，这关非过不可。

假如企业只顾着提高生产效率，忽视安全问题，我们就真的束手无策了。

（《书海旅人》二〇〇五年六月号）

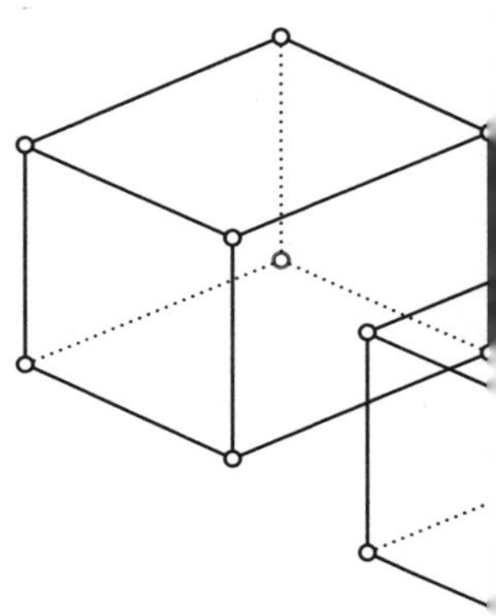

四十二年前的回忆

四十二年前の記憶

提起HMV，你会想到什么？如果毫无反应，说明你不是生活枯燥就是过于忙碌了。偶尔听听音乐吧，哪怕不想买也能在大街小巷的唱片店里饱饱耳福。

没错，HMV正是一家唱片店品牌，从属于英国百代集团，于一九九〇年在日本开设分店。

你可能会说，这种人尽皆知的事还用得着科普吗？那么请问，HMV是什么的缩写呢？答案是“His Master's Voice”，直译为“他主人的声音”。那么，这个“他”又是谁呢？

我不喜欢卖关子，就直接揭晓谜底吧——“他”便是小狗尼帕。

读者朋友或许对这个名字很陌生。这也难怪，我的身边就没有人认识它。

你见过这样的商标吗？一只小狗对着胜利牌留声机的喇叭侧耳倾听，没错，那就是尼帕，原图的标题则为“His Master's Voice”。作者告诉我们，从留声机里传出的便是他主人的声音。

了解这个故事的人恐怕不多，我却在四十二年前成为其中的一员。当时我年仅五岁，家中没有唱片播放机，自然也见不到唱片。我究竟是如何知道这些的呢？

家里放不了唱片，但电视还是有的。尽管只能显示黑白两色，在我看来，那台电视机仍然是一只藏着魔法的小盒子。为了经营生意，父母无暇陪伴在我的身边。于是，我只能每天对着电视，尤其爱看外国动画片。

某天，我一如既往地坐在电视机前，看到了这样的一段画面。那依然是动画，却不是故事片，当时的我一头雾水。

以下内容来自我的记忆。

电视上首先出现一个男人和一条小狗嬉戏的画面，可没过多久，男人就离开了小狗。我依稀记得他离开的原因是去打仗，他驾驶着战斗机，最后战死沙场。

失去主人后，小狗悲伤不已。这时，一道声音在他的耳畔响起。那是主人的声音，是他在飞机上通过无线电录下的话语。

小狗寻觅主人的身影，却怎么也找不着。最后，他看见了留声机。主人的声音是从喇叭里传来的，于是小狗把头探过去，看看主人是不是在里面。

那便是我们熟悉的胜利公司的商标。

家里没有买过唱片，我却对那个商标有印象，因为离家不远的电器店门口就摆着小狗尼帕的大雕塑，看起来有点像不二家的吉祥物牛奶妹。

年仅五岁的我明白了商标的由来，这段记忆也伴随了我整整四十二年。每每想起，我总会产生再看一遍动画的冲动，可惜再也没有机会了。

从小学到大学，每次认识新朋友，我都会把这个故事对着他们讲一遍。我相信，一定也有同龄人看过那段动画。然而，结果总是叫人失望。

长大成人以后情况依旧，我也渐渐丧失了信心，甚至怀疑那只是少年时代做过的一个梦。此后，我便不再与人聊起这件事了。

可是前不久，在和某位编辑推杯换盏之际，我难得又旧事重提。对方年纪不过三十出头，四十二年前尚未出生，按理说根本不可能知道那部动画。

果不其然，他的回答是从来没听说过，我倒也不觉得失望。

“可是，那应该不是梦。”他又说，“东野先生当时只有五六岁吧？没理由能把梦编得如此细致生动。即使您是一位天才作家，我觉得也办不到。”

“我也这么想，但那究竟是什么呢？”

“这样吧，我有一个在胜利公司上班的朋友，找机会问问看。”

当晚话题到此为止，老实说，我对他没有抱太大希望。尽管他是一位认真负责的编辑，倒也未必会把酒后闲聊放在心上。就算他真的去问了那位朋友，对方恐怕也是丈二和尚摸不着头脑。他的朋友想必与他年纪相仿，不可能看过那部动画。

出人意料的是，没过多久编辑就联系了我，说是胜利公司的朋友找到了那部当年用来做广告的动画。

“动画拍摄于一九六三年，刚好和您提到的年代吻合，不过内容多少有些出入。”

总之，他答应替我弄一盘录像带来。

播放了录像带后，我微微感到吃惊，因为它的动画风格相当粗犷，不像我记忆中的那般精致。

故事内容也似是而非，广告片中的小狗尼帕一开始就没有和主人在一起，陪他玩耍的是前主人的弟弟巴拉德。看见忘不了前主人的小狗如此伤心，巴拉德便为他播放了留声机中哥哥的声音。开心的小狗入神地听着，身为画家的巴拉德则将那个画面永久地保存了下来。

看完录像后，我一时难以接受。画风不同也就罢了，没想到尼帕的主人几乎没有在片中登场，更别提战斗机云云了。

我百思不得其解，又反复看了几遍，终于恍然大悟。原来，该片的女性旁白有如下的台词：

“后来，只要飞机传出声音，小狗尼帕就会觉得是主人在对自己说话。”

飞机？她刚才提到了飞机？

可事实上旁白说的是“留声机”，因为录音效果不佳的缘故，我才听成了“飞机”。

真相水落石出，当年的我恐怕犯了同样的错误，误以为喇叭中传来的是主人在战斗机上录下的声音。既然他死在飞机上，牺牲在战场上的联想也就顺理成章了。

弄明白了前因后果再来看广告，内容就和回忆对得上号了。五岁的我误以为巴拉德是小狗的前主人，也把他画画的样子记成了驾驶飞机。毕竟，遮住下半身的画架令人联想到驾驶舱。至于他头上的贝雷帽，则被我解释成飞行员的标志。

千真万确，这段广告就是我四十二年前看的动画。人的记忆真的很神奇，哪怕日久年深，我们依然可以从中发现误会的源头。假使有人说那是因为我的智力水平和五岁时大同小异，我也会当作耳旁风。

经过进一步查阅资料，我得知巴拉德并不是前主人的亲弟弟，而是他的堂弟。传说中，胜利公司的人为那幅画所感动，才将它用作品牌商标。事实却是，巴拉德主动找到他们兜售自己的作品。果然，故事终究只是故事。

（《书海旅人》二〇〇五年七月号）

何去何从
どうなっていくんだろう？

想必有不少人对千年虫问题还记忆犹新。从前的电脑时钟只能显示两位数的年份，会导致公元二〇〇〇年被误认为是公元一九〇〇年，造成各种系统故障。于是，许多退休的程序员也被动员起来参与修改程序，一直忙碌到一九九九年的最后一天。就连当时的小渊首相都建议国民在年初的三天尽量不要出门，游客数量因此剧减，给各行各业带来了损失。

我有一个朋友在某大型电脑公司上班，却做出了截然相反的预测。媒体鼓吹千年虫问题会造成“飞机坠毁”“医疗器械故障”等问题，他却嗤之以鼻。

可舆论依旧对此大做文章，尽管其中的大多数人都是电脑知识的门外汉，蒙在鼓里的民众还是被搅得心神不宁。我曾参加过一场有关能源问题的座谈会，一位后来成了国际政治学者的众议院议员对千年虫问题深表担忧，还说新年伊始时自己要一整个星期闭门不出，靠储备的口粮度日。后来电视台播放了一段画面，这位议员一到元旦就迫不及待地打开了办公室的电脑，搜寻想象中的大混乱新闻，最后一无所获。明明太平无事才是最好的消息，他却露出一副闷闷不乐的表情。二〇〇〇年元月，与那位议员有同样反应的人恐怕不在少数。

如今，电脑系统界又爆发了一场类似的骚动，被称为二〇〇七年问题。不过，这并不意味着它会在二〇〇七年的第一天发生。年份只是象征性的，指代了整个年龄层的退休时间，他们就是所谓的“团块世代”（**注：日本战后出生的第一代人，可以看作二十世纪六十年代中期推动日本经济腾飞的主力**）。

请允许我按照自己粗略的理解来对这一问题加以说明。首先，目前各行各业使用的电脑系统中，仍有相当一部分是数十年前设计的。然而，对它们了解最深的恰恰就是所谓的团块世代，年轻的互联网技术人员反倒知之甚少。个中原因五花八门，简单概括一下就是“隔代如隔山”。老资格的团块世代自恃精通本行手艺，生怕把它传授给年轻人后丢了饭碗，而年轻人也不屑于钻研他们眼中的老古董。至于企业高管，则多半怀揣着得过且过的侥幸心理。

从二〇〇七年起，老手们将大批退休，使往年的系统渐渐成为技术黑洞。与千年虫问题不同的是，这会引发怎样的问题还是未知数。我们也许要面临大麻烦，也许安然无恙。也正因为无从预测，二〇〇七年问题才显得愈加棘手。

这样的问题不仅出现在电脑系统领域，各行各业尤其是制造业都将面对同样的威胁。

在传统手工界，假如工匠没有把本事传给徒弟，后果可想而知。比方说新潟县的与板町就以制造凿子和刨子的铁匠铺闻名，二十年前工匠还多达四百人，可惜如今只余百人，其中多半年事已高。越后与板的木工工具退出历史舞台只是时间上的问题，类似的日本传统工艺也面临同样的处境。

多数人想当然地以为这不会对自己的生活造成影响，既然现代日本社会已经用不上那些东西，就该由它们自生自灭。

的确，现代科技产品能在功能上代替传统工艺品。但传统工艺的可贵之处不仅在于它的历史，还在于历代工匠的智慧与技术结晶。这些结晶不仅能帮助我们制作工艺品，还能在包括高新科技在内的各种领域发挥价值。

事实上，在生产高科技产品的现场，我们也能见到那些拥有鬼斧神工技术的匠人。比如发电设备用到的蒸汽涡轮发动机就要在两翼的尖端焊接耐热司太立合金，并加以打磨。这种微米级别的精加工依靠的并非高科技机械，而是专业人员的手工作业。

形形色色的生产现场都有匠人们在发光发热，毫不夸张地说，日本的科技进步仰仗的就是这样的一群人。

人们已经不止一次尝试将长年积累的技术经验和知识数值化，以帮助计算机学习掌握。二十世纪八十年代，当人工智能概念方兴未艾之际，所谓的专家系统也备受瞩目。顾名思义，科研人员试图用电脑系统代替人类实现鬼斧神工的操作。对优秀的手艺人来说，技术往往成了一种直觉。于是乎，一批试图将直觉转换为数字的知识工程师应运而生。

然而，他们的努力以失败告终。毕竟手艺人的直觉绝非常人可以参透，大多数时候甚至连他们自己都解释不清。

我身边就有一个例子。我的父亲是一名钟表匠兼眼镜师傅，他只要看一眼别人的眼睛，就能大致估算出对方的视力。父亲给出的判断依据是眼球形状和动作，但归根结底还是一种感觉。

近来电脑验光技术日趋成熟，无须多少经验，操作员就能替人配眼镜。父亲也觉得那样做无可厚非，只要戴的人觉得合适就好。不过，还是有不少老主顾来找父亲，说是电脑配的眼镜既看不清，也让眼睛觉得累，只有他配的戴起来最舒服。

电脑的精确计算怎么会出错呢？父亲的回答很简单，那是老主顾们的心理作用。他们明明看得清，却误以为眼睛花了。

话说回来，在配眼镜的过程中，所谓的心理作用也要得到重视。

“眼镜配出来好不好，关键要看戴的人有没有感觉安心，验光和日常生活之间还是有微妙的不同。”

父亲如是说。

他在给顾客配眼镜的时候，会仔细地观察对方看东西的姿势和用眼方式，并且询问对方的生活作息，了解顾客佩戴眼镜的目的。简而言之，父亲为别人配的是生活帮手。于是，有些人明明经常看不清东西，却觉得眼镜发挥了作用。这就是身为眼镜师傅的父亲秉持的原则。

上述知识同样只可意会难以言传，更无法写进电脑程序里。

父亲于去年正式退休，想找他配眼镜的顾客恐怕要发愁了，手艺后继无人也着实令人唏嘘。

当然，怪只怪我不是那块料啊。

（《书海旅人》二〇〇五年八月号）

衣食父母
本は誰が作っているのか

本专栏终于迎来最后一期。我原本的打算是借此宝地探讨科学话题，怎料未能如愿，甚至还拿职业棒球重组来搅了一趟浑水。不过，毕竟写作还是花了心思，请各位海涵。

最后，咱们再来讨论一个与科学无关的话题——书，我也算是一条道走到黑了。

书究竟是谁出的？印刷厂和出版社？不，我想聊的是书籍的衣食父母。

出书可不是免费的午餐，一定要有人投资。那金主又是谁呢？毫无疑问就是买书的各位读者了。可话说回来，恐怕没有人会为根本不存在的东西掏钱吧。

出版界的资金循环大体如下：

读者在书店买书，书店将收入缴纳给出版社，出版社扣除经营成本后将利润付给作家当版税，以此为生的作家继续写下一本小说，作家将手稿交给出版社，出版社将书付梓后发往各大书店，书店销售，然后读者购买。

过程简单干脆，无论出版社还是作家，都在依赖购书者生存。

无论书籍在图书馆被人借走多少次，出版社和作家都拿不到一分钱。同理，二手书店的交易与我们的收入也毫无关联。

整个出版界仰仗的都是图书创造的微薄利润，而且利润还不是绝对靠得住的。一旦书的销量不尽如人意，经营出现赤字便在所难免。仅就小说来看，能赚钱的作品屈指可数。出版社在出书时经常要做好亏本的打算。他们明知销路不佳，还是会委托那些作者写稿，并支付稿费和版税。

为什么要这么做？答案是投资未来。

我认为，作家的世界与相扑运动有着异曲同工之处。

想必很多人都知道，只有位阶达到十两的相扑力士才能领取比赛报酬。假如选手有幸成为幕内力士，薪水还能逐级攀升。

可是，在相扑界还有众多无力达到十两级别的新人，他们自然没有收入。相扑部屋（**注：训练相扑选手的组织**）负责照料他们的生活，资金原则上由相扑协会提供。

那么，这些钱又是谁挣来的呢？

低级别的选手固然也在拼搏，但遗憾的是，只有达到十两以上级别的力士才能成为观众乐意掏钱观摩的对象。

正是凭借以横纲为首的高级别选手努力吸引眼球，协会才有财源来养活那些初出茅庐的相扑选手。

作家的世界亦然。

出道伊始，我曾听一位编辑说过如下的话。当时我刚刚在他的出版社出了书，印数不多，应该无缘再版，甚至会严重滞销。

听到我为书卖不出去而道歉后，编辑笑着摆了摆手。

“我们可没想过靠东野先生的书来赚钱。毕竟有西村京太郎先生和赤川次郎先生撑腰，不必担心利润。就算您的书赚到些小钱，和他们比也不过是零头。”

当年还觉得这番话挺伤人的，现在想来他说得确实在理。经过细算，哪怕我的书都卖出去了，盈利最多也只够发那位编辑的薪水。

我的确曾经依靠赤川次郎先生和西村京太郎先生过活，正因为有了他们的畅销书，出版社才养得起我这种虽然亏本但或许将来有希望的作家。当然，我并非唯一被看好的新人，只是一整支后备军中的一员，和相扑部屋里的那些新手无异。出版社在我们身上投资，指望能培养出一两颗赤川次郎先生或西村京太郎先生那样的巨星。

将近二十年过去了，我也总算能为出版社做些贡献，希望自己的书再卖得好一些，替他们多多赚钱。假如新人作家能够从中得到滋养，不也是一个完满的结局吗?

然而，这二十年来，出版界所处的环境发生了天翻地覆的变化。为满足读者的需求，图书馆不断引进畅销书，二手书店的货架上也陈列着刚上市不久的商品。

也许有人会问，只要消费者获益，这又有何妨?

没错，能免费借阅或低价购买心仪的图书自然令人高兴。但正如本文开头所述，无论图书馆和二手书店赚得如何盆满钵满，出版界都分不到一杯羹。

显而易见的是，即使图书馆与二手书店倒闭，他们的消费群体也未必会到书店买新书。毕竟，其中有些人仅仅是为了贪便宜。

可是请不要忘记，究竟是谁在出钱印制那些图书馆和二手书店陈列的书籍。

税款和二手书店的收入对图书出版毫无帮助。很多人都以为图书馆是靠税收维系的，其实不然。假如世上没有书了，图书馆岂不成了摆设？

世界上之所以不断有新书诞生，依靠的全是在书店正规消费的读者，他们同时也是图书馆和二手书店能经营下去的基础。

我无意在此论及制度改革，篇幅也不允许这么做。我只希望借书和买二手书的做法不要被误当成什么“生活的智慧”，因为那是在侮辱支撑整个出版界的购书者。

（《书海旅人》二〇〇五年九月号）

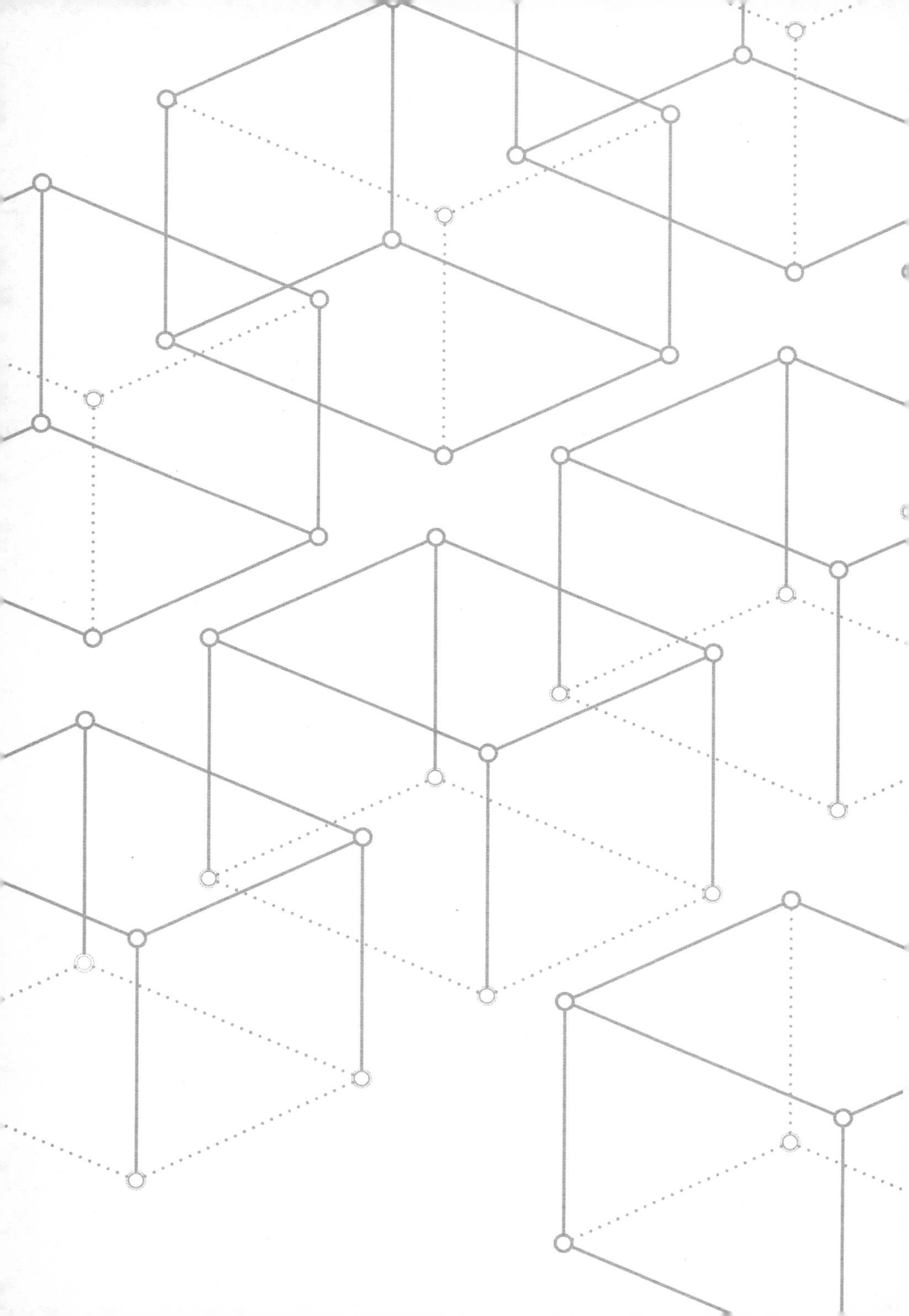

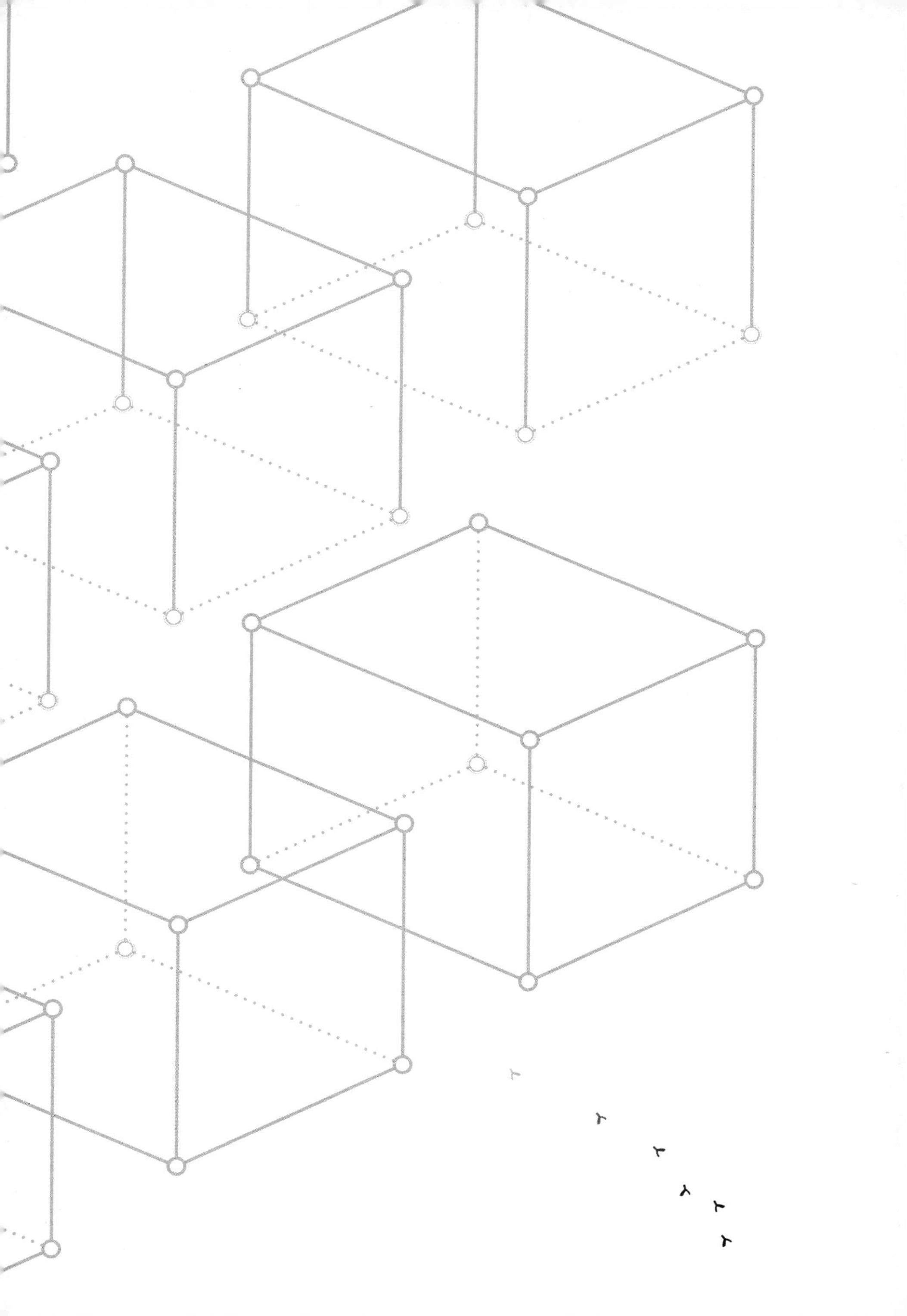

原作名：《さいえんす？》，作者：東野圭吾，原版设计：寄藤文平
SCIENCE?

著作版权合同登记号：01-2019-3938

图书在版编目（CIP）数据

科学？ /(日) 东野圭吾著；冯锦源译. -- 北京：新星出版社, 2019.9

ISBN 978-7-5133-3616-1

Ⅰ. ①科… Ⅱ. ①东… ②冯… Ⅲ. ①散文集－日本－现代 Ⅳ. ①I313.65

中国版本图书馆CIP数据核字(2019)第131191号

本书为引进版图书，为最大限度保留原作特色，尊重原作者写作习惯，酌情保留了部分外来词汇。特此说明。

科学？

（日）东野圭吾 著；冯锦源 译

责任编辑：汪　欣
特约编辑：马佳林
责任印制：李珊珊
装帧设计：杨　玮

出版发行：新星出版社
出 版 人：马汝军
社　　址：北京市西城区车公庄大街丙 3 号楼　100044
网　　址：www.newstarpress.com
电　　话：010-88310888
传　　真：010-65270449
法律顾问：北京市岳成律师事务所

读者服务：010-88310811　service@newstarpress.com
邮购地址：北京市西城区车公庄大街丙 3 号楼　100044

印　　刷：广州市番禺艺彩印刷联合有限公司
开　　本：890mm × 1240mm　1/32
印　　张：5.75
字　　数：105千字
版　　次：2019年 9 月第一版　2019年 9月第一次印刷
书　　号：ISBN 978-7-5133-3616-1
定　　价：42.00元